ZEINA MOURTADA
PAUL SVENSSON

Nachhaltig mit Genuss

Umweltbewusst kochen
mit Gemüse, Fleisch und Fisch

stiebner

Liebe Leser:innen,

wir freuen uns, dass wir mit diesem Buch Teil Ihrer kulinarischen Reise sein dürfen. Noch mehr Inspiration, köstliche Anregungen und kreative Erlebnisse finden Sie auf unserer Verlagsseite www.stiebner.com.

Treten Sie mit uns in Kontakt!

Wir sind immer offen für Ihre Anregungen, Wünsche und Kritik – schreiben Sie uns gerne unter verlag@stiebner.com.

Da geteilte Freude bekanntlich doppelte Freude ist: Zeigen Sie uns Ihre kulinarischen Kreationen auf Social Media! Markieren Sie uns mit @stiebnerverlag oder nutzen Sie die folgenden Hashtags: #StiebnerVerlag #StiebnerGenuss #NachhaltigMitGenuss

Erstmals erschienen unter dem Titel »Middagskompassen« bei Bonnier Fakta, Stockholm, Schweden

Diese Ausgabe wurde mit einer Lizenzvereinbarung mit Bonnier Rights, Stockholm, Schweden, publiziert.

ISBN 978-3-8307-1064-6

Text: Zeina Mourtada Ghazal, Paul Svensson
Fotografie: Lennart Weibull
Gestaltung: Eva Wilsson
Cover und Gestaltung der deutschen Ausgabe: Danai Afrati
Übersetzung aus dem Schwedischen: Christine Heinzius
Lektorat und Produktmanagement der deutschen Ausgabe: Dr. Verena Stindl
Komplettproduktion der schwedischen Originalausgabe: Svenska Naturskyddsföreningen
Gedruckt bei BALTO print, Litauen

FSC www.fsc.org MIX Papier aus verantwortungsvollen Quellen FSC® C107574

Bibliografische Information der Deutschen Nationalbibliothek:
Die Deutsche Nationalbibliothek verzeichnet diese Publikation in der Deutschen Nationalbibliografie; detaillierte bibliografische Daten sind im Internet über http://dnb.dnb.de abrufbar.

Wir produzieren unsere Bücher mit großer Sorgfalt und Genauigkeit. Trotzdem lässt es sich nicht ausschließen, dass uns in Einzelfällen Fehler passieren. Auf unserer Webseite finden sich bei dem jeweiligen Titel eventuelle Korrekturen (Errata). Sollten Sie in diesem Buch einen Fehler finden, so bitten wir um einen Hinweis an verlag@stiebner.com. Für solche Hinweise sind wir sehr dankbar, denn sie helfen uns, besser zu werden.

www.stiebner.com

Inhalt

Vorwort

Jeden Tag müssen wir Entscheidungen treffen, die mit Essen zu tun haben. Oft mehrere. Beim Einkaufen, mittags im Restaurant, in der Schulmensa, in der Bar, am Kiosk und natürlich zu Hause. Wir stehen praktisch ständig am Scheideweg. Denn es wirkt sich massiv auf Umwelt und Klima aus, wie das Essen, für das wir uns entscheiden, produziert wurde.

In diesem Buch versuchen wir zu erklären, wie das alles zusammenhängt und was wir tun müssen, um die negative Entwicklung umzukehren. Und wie wichtig wir alle zusammen sind – Konsumenten, Ladenbesitzer, Produzenten, Organisationen und Politiker.

Im Alltag geht es vor allem darum, die Prioritäten zu verschieben, die Grenzen zu erweitern, die Proportionen auf dem Teller zu verändern, von bestimmten Sachen weniger zu essen und von anderen mehr. Es geht auch darum, sich langfristig neue Gewohnheiten zuzulegen, neue Lebensmittel und andere Esskulturen als die altbekannten zu entdecken und daran Freude zu haben. Für uns, die wir an diesem Buch gearbeitet haben, war es genauso herausfordernd wie vergnüglich, das Wissenschaftliche mit dem Genuss zu verbinden. Auf Worte Taten folgen zu lassen, in Form von Rezepten, die genau in die nachhaltige Richtung deuten, in die wir alle jetzt gehen müssen.

Niemand kann alles tun, aber alle können etwas tun, heißt es. Wir hoffen, dass dieses Buch Ihnen hilft, weitere Schritte in Richtung Nachhaltigkeit zu gehen. Beginnen Sie dort, wo es Ihnen gerade leichtfällt. Machen Sie sich bewusst: Ihre Wahl der Lebensmittel wirkt sich darauf aus, was auf längere Sicht in den Ladenregalen landet. Je mehr von uns Bio-Produkte kaufen, umso mehr Bauern fühlen sich ermutigt, ihre Produktion umzustellen. Und genau das braucht dieser Planet.

Wir sind sehr froh, Nachhaltigkeit mit Genuss zusammengebracht zu haben, und hoffen, dass Ihnen dieses Buch dabei hilft, sich einer nachhaltigeren Zukunft zuzuwenden. Wir versprechen, dass Sie dabei richtig gut essen werden!

Zeina Mourtada und Paul Svensson

PAULS KÖK
LEVA LIVET

Hallo, Zeina!

Was inspiriert dich zu den Gerichten in diesem Buch?

Ich möchte, dass die Leute meine Küche wiedererkennen und das Gefühl haben, dass es meine Rezepte sind. Deshalb habe ich das getan, was ich immer tue: Ich habe Lebensmittel aus der ganzen Welt recherchiert und Zeit investiert, um neue Perlen zu finden. Außerdem bin ich zu Rezepten zurückgekehrt, die ich früher geschrieben habe, und habe sie an den Anspruch dieses Buchs angepasst. Etwa, indem ich Lebensmittel gesucht haben, die ganz besonders zum Nachhaltigkeitsgedanken passen. Das meiste kann man auch auf eine andere Art als die althergebrachte zubereiten – und zwar ohne, dass es seinen Charakter verliert.

Viele deiner Rezepte sind vegetarisch. Wie gehst du vor, wenn du ein vegetarisches Rezept erarbeitest?

Wenn man vegetarisch kocht, muss man ein bisschen mehr über Aromen und Konsistenzen nachdenken, damit sie sich genauso ergänzen, wie Fleisch, Kartoffeln und Sauce es ganz von selbst tun. Bei einem vegetarischen Eintopf wird Gemüse weich und etwas schlaff, was nicht alle mögen. Wenn man das Gemüse dagegen im Wok zubereitet, wird es knackiger – und leckerer.

Und man hat so viele Möglichkeiten, die Aromen zu variieren! Entweder, indem man ganz einfach den Eigengeschmack der Gemüsesorten unterstützt oder indem man es wie in der indischen Küche macht und mit vielen Gewürzen arbeitet. Gemüse ist da wirklich super flexibel – und dann hat es auch noch so tolle Farben.

Welche Küche ist die inspirierendste für vegetarische Gerichte?

Ich selbst stamme aus dem Libanon und koche viele Gerichte aus dem Nahen Osten. In dieser Küche gibt es viele Fleischeintöpfe, aber auch viele vegetarische Gerichte. Bohnen kommen häufig zum Einsatz – ein fantastisches Gemüse, das ich wirklich sehr oft verwende.

Die ostasiatische Küche inspiriert mich ebenso. Auch dort kocht man normalerweise mit viel Fleisch, aber eben auch mit sehr viel Gemüse. Vietnamesische Sommerrollen sind großartig! Man kann sie ja mit allem füllen, was gerade Saison hat. Im Sommer mit Paprika und frischen Kräutern, im Herbst mit Kohl und Wurzelgemüse, das man dünn hobelt, und natürlich mit Nudeln. Das funktioniert wirklich das ganze Jahr über. (Das Rezept für Sommerrollen steht auf S. 75.)

Wenn es einem schwerfällt, ganz auf Fisch, Fleisch und Milchprodukte zu verzichten, was, empfiehlst du, sollte man als Erstes und am stärksten reduzieren?

Ich persönlich – ganz klar, Fleisch! Ich komme super ohne aus. Wenn es einem schwerfällt, das Fleisch ganz wegzulassen, kann man damit anfangen, es seltener zu essen und weniger als bisher. Wenn ein Rezept beispielsweise 800 g Fleisch aufführt, dann halbiert man es auf 400 g und füllt mit 400 g schwarzen Bohnen oder roten Linsen auf. Fische sind eine größere Herausforderung, finde ich. Sie sind schwer zu ersetzen.

Wie kocht man eine schnelle Suppe?

Grundlegend ist die Brühe. Auf S. 97 gebe ich Tipps dazu. Kochen Sie Ihre eigene Brühe, die Sie dann einfrieren, oder nehmen Sie Brühpulver. Lassen Sie dann getrocknete Pilze und Gemüse eine Weile mitköcheln, und schon hat man eine Art Ramensuppe. Sehr lecker! Alles steht und fällt mit der Brühe. Man kann auch Nudeln, die ja keinen großen Eigengeschmack haben, hineingeben. Im Rezept auf S. 97 nehme ich Tortellini.

Was ist dein bester Tipp, um schnell ein Abendessen auf den Tisch zu bringen?

Am wichtigsten ist es, den Einkauf gut zu planen. Wenn man keine Ahnung hat, was man zubereiten möchte, wenn die Kinder müde und hungrig sind, wird es schwierig. Versuchen Sie also, sich etwas vorzubereiten.

Und dann sollte man einen Basisvorrat haben. Es ist super praktisch, Bohnen in Dosen zu Hause zu haben, damit kann man z. B. meine Beinahe-Falafel (S. 67) in einer Viertelstunde machen. Pasta ist auch fantastisch und ein Muss in einem Basisvorrat. Und dann Gemüse im Gefrierfach. TK-Gemüse aus der Pfanne, dazu Nudeln – fertig!

Was ist dein Lieblingsgemüse?

Tomaten! Regionale Sommertomaten sind einfach das Allerleckerste überhaupt. Ich weiß nicht, was ich ohne Tomaten machen würde. Gazpacho, Tomatensauce, Tomatenscheiben mit etwas Salz und Basilikum … Unterschiedliche Tomatengerichte bereiten ganz unterschiedliche Geschmackserlebnisse.

Im Herbst und Winter sind natürlich Wurzelgemüse tonangebend. Ich finde, wir sollten viel mehr einheimische Kartoffeln essen. Als Beilage oder auch als Hauptgericht. Und Kohl! Sowohl als Salat wie auch als Kohlroulade. Wenn Sie Platz im Gefrierschrank haben, dann frieren Sie einen ganzen Kohlkopf ein. Beim Herausnehmen ist er dann hart wie ein Basketball, lässt man ihn aber bei Zimmertemperatur auftauen, werden die Blätter weich und lassen sich superleicht rollen. Dann braucht man den Kohl für die Rouladen nicht mehr vorzukochen.

Was ist mit Resten?

Auf jeden Fall nutzen. Vielleicht kann man ein ganz neues Gericht daraus machen? Eine andere Sache ist, sozusagen bewusst Reste zu produzieren. Wenn man z. B. Kartoffeln kocht, kocht man ein paar mehr, als man sofort braucht, dann kann man sie am nächsten Tag für ein Bauernfrühstück verwenden.

Und dann ist da der Gefrierschrank. Der kann zum besten Freund oder schlimmsten Feind werden. Wenn man Sachen einfriert, ohne daraufzuschreiben, was es ist, dann vergisst man es garantiert. Und damit riskiert man, dass sie schließlich doch im Müll landen. Schreiben Sie den Inhalt und das Datum auf die Verpackung. Das dauert bloß ein paar Sekunden.

Was hat dir bei der Arbeit am Buch am meisten Spaß gemacht?

Als ich gefragt wurde, ob ich bei diesem Buch mitmachen möchte, habe ich mich sehr gefreut. Und da es zusammen mit Paul war, habe ich sofort zugesagt. Ich war begeistert!

Wir haben zuerst einmal die Aufgabe erhalten, unsere Rezeptvorschläge einzuschicken, Paul seine und ich meine. Und dabei haben wir einander ganz automatisch ergänzt. Ich hatte ein bisschen Sorge, dass unsere Rezepte sich so anhören würden, als gehörten sie zu zwei völlig unterschiedlichen Kochbüchern, aber so ist es nicht gekommen. Ohne uns abgesprochen zu haben, gab es sofort einen roten Faden. Ja, das Beste war wirklich, mit Paul arbeiten zu dürfen. Für mich ist er eine riesige Inspiration – er hat einen ganz besonderen Blick auf Essen, auf Lebensmittel. Er behandelt sie würdevoll. Dafür habe ich ihn immer bewundert.

Was war am schwierigsten?

Am schwierigsten war sicherlich, traditionelle Gericht so authentisch wie möglich zu bewahren, wenn ich bestimmte Zutaten austausche. Ich finde es toll, Gerichte unterschiedlicher Kulturen hervorzuheben und die Traditionen, die dazugehören, zu respektieren – zu zeigen, wie man sie so zubereitet, wie man es schon immer getan hat. Für mich war es schwierig – aber spannend! –, die Grenzen zu dehnen.

Makhlama z. B. ist ein iranisches Gericht mit Hackfleisch und Eiern, zwei Dinge, von denen wir deutlich weniger essen sollten. Bei einem solchen Gericht, das ich gern dabeihaben wollte, weil es so lecker ist, muss ich natürlich umdenken und wenigstens eine der klimabelastenden Zutaten durch etwas anderes ersetzen. Anstelle von Hackfleisch benutze ich also Belugalinsen, die ich mit Zwiebeln und Tomaten koche. Und das wird richtig, richtig gut. (Das Rezept steht auf S. 120.)

Ich musste also ganz neu denken, aber auch darauf achten, dass eventuelle Veränderungen des Originalrezepts mit Respekt für die Tradition geschehen, und nicht zuletzt auch darauf, dass es lecker schmeckt!

Was nimmst du von der Arbeit an diesem Buch mit?

Ich habe so viel gelernt! Der schwedische Naturschutzverband, mit dem wir das Buch gemacht haben, hat mir eine lange Liste von Lebensmitteln geschickt, mit Erklärungen, welche für das Klima und die Artenvielfalt gut und welche schlecht sind. Es ist wirklich superwichtig, nachhaltig produziertes Biogemüse zu verwenden. Das gilt auch für importierte Ware. Von nun an werde ich viel mehr daran denken. Man glaubt, man sei schon gut und mache fast alles richtig, aber man kann oft noch viel mehr tun. Aus diesem Buch kann man wirklich etwas lernen! Auch wir Köchinnen und Köche.

Hallo, Paul!

Wie bist du die Rezepte für dieses Buch angegangen?

Ich wollte, dass die Rezepte inspirierend sind, leicht umzusetzen und lecker aussehen und schmecken. Es sollte etwas für jede Gelegenheit und jeden Geldbeutel geben. Es darf nicht kompliziert sein, lecker und nachhaltig zu kochen.

Auf welche Herausforderungen bist du gestoßen?

Wenn man sich ganz strikt an die Empfehlungen für nachhaltige Lebensmittel hält, verschwindet recht viel von dem, was wir zu kochen und essen gewohnt sind. Und natürlich habe ich mir überlegt, wie man Menschen trotz der Einschränkungen begeistert und sie nicht abschreckt. Einschränkungen fördern Kreativität, so heißt es doch, und für mich waren sie ganz klar ein Augenöffner. Durch die Arbeit am Buch habe ich gewisse Lebensmittel mit ganz neuem Blick gesehen und andere ganz neu entdeckt. Das wäre mir sonst nicht passiert und dadurch habe ich mich als Koch weiterentwickelt. Jetzt hoffe ich natürlich, dass es den Lesern genauso geht und dass es eine spannende Herausforderung ist!

Es ist vollkommen klar, dass wir mehr Pflanzen essen müssen, aber auch nicht alles Vegetarische ist gut. Es hängt davon ab, wie die Lebensmittel angebaut werden. Avocados und Kartoffeln haben z. B. einen ganz unterschiedlichen ökologischen Fußabdruck. Ob sie ökologisch angebaut wurden oder nicht, ist dabei natürlich entscheidend. Man braucht also etwas Wissen, um das Richtige aus dem Pflanzenreich zu wählen und zu überlegen, was man oft essen kann und was man sich nur ab und zu gönnen sollte.

Wir sind ja zwei Köche im Buch, daher war eine weitere Herausforderung, darauf zu achten, dass Zeina und ich keine allzu ähnlichen Gerichte zubereiten, aber trotzdem im selben Stil. Und die Art der Gerichte zu variieren, damit es beispielsweise nicht zu viele Eintöpfe werden.

Hast du interessante Entdeckungen gemacht, als du die Rezepte entwickelt hast?

Es hat Spaß gemacht, Sachen wie Brotpizza (S. 134) zu erfinden. Dafür mahlt man altes, trockenes Brot zu Mehl und stellt daraus einen Pizzateig her, den man in Öl in einer Pfanne zubereitet. Pfannenpizza aus Brotresten – so was finde ich spannend.

Ich öff ne den Kühlschrank und er ist leer – was tun?

Darauf kann man erst mal stolz sein! Die meisten von uns haben viel zu oft einen übervollen Kühlschrank, aber keine Ahnung, was sie damit machen sollen. Wenn der Kühlschrank leer ist, bedeutet das, dass man alles richtig gemacht hat. Und die meisten von uns finden immer irgendetwas, woraus sich etwas zubereiten lässt, wenn man nur genau hinschaut. Eine Suppe geht immer. Einfach das Gemüsefach leeren, Kräuter, die man mag, und Brühe dazugeben, alles pürieren und zu getoastetem Brot servieren. Mein Hotchpotch (S. 181) beruht auf diesem Prinzip, viele Eintöpfe ebenfalls.

Welche Lebensmittel hast du immer zu Hause und wieso?

Kartoffeln, Milch (Hafer- oder Kuhmilch) und Zwiebeln. Fehlen nur noch Pfeffer und Salz, um daraus etwas zuzubereiten: Kartoffelpuffer, eine Suppe oder ein Gratin.

Bei den Konserven habe ich immer stückige Tomaten und Kichererbsen im Haus. Im trockenen Vorrat Pasta und Hülsenfrüchte. Im Küchenregal pflanzliches Öl, Salz und Pfeffer. Auf der Fensterbank ein paar frische Kräuter für etwas Glitzer und Glamour (und natürlich getrocknete Kräuter in der Speisekammer). Damit kommt man schon weit.

Wie schafft man es, dass das gleiche Gemüse immer anders schmeckt?

Nehmen wir Kohlrabi, Knollensellerie oder Lauch. Vor allem ist entscheidend, in welchem Monat sie angebaut wurden, ob sie daher einen milderen oder kräftigeren Geschmack haben. Wenn man sie dann grillt, kocht, einlegt oder anbrät, schmecken sie sehr unterschiedlich und bekommen auch eine ganz andere Konsistenz. Genau das ist so fantastisch! Dass ein und dasselbe Gemüse jeden Tag auftauchen kann, ohne dass man es über hat – wenn man es nur unterschiedlich zubereitet. Versuchen Sie doch mal, Knollensellerie auf unterschiedliche Arten zuzubereiten und in einem einzigen Gericht zu servieren.

Beim Essen sind die meisten von uns Gewohnheitstiere, wie kann man umdenken?

Wenn Sie vegetarisch kochen, versuchen Sie, den Spieß umzudrehen. Achten Sie darauf, dass das Eiweiß in Form von Sahne, Püree oder Sauce vorliegt. Dann baut man das Gericht weiter auf, mit Gemüse, Gewürzen und Topping – also genau umgekehrt, wie man traditionell ein Gericht plant. In diesem Buch gebe ich dazu viele Tipps. Natürlich kann man manchmal einfach das Fleisch durch eine vegetarische Alternative ersetzen, aber ich finde, dass die schon genannten Variationen dazu führen können, dass man sich neu in ein Gemüse verliebt.

Die meisten von uns beherrschen ungefähr zehn Rezepte richtig gut, und die kochen wir dann immer und immer wieder. Beginnen Sie damit, langsam weitere zehn Paradegerichte zu suchen. Man sollte sie üben, bis sie sitzen, denn es ist nicht sicher, dass man es beim ersten Mal perfekt hinkriegt – oder einem das neue Gericht überhaupt schmeckt. Aber geben Sie nicht auf, versuchen Sie es noch mal oder mit etwas anderem – Geschmack ist ja wirklich subjektiv. Aber man kann etwas Neues tatsächlich nach einer gewissen Zeit mögen lernen – denken Sie nur an Kinder. Man kann auch Sachen mögen, die auf eine andere, neue Art zubereitet werden! Wenn Ihnen gekochte Rote Bete nicht schmeckt, dann vielleicht geräucherte? Versuchen Sie, mit alten Mustern zu brechen und Lebensmitteln in einer neuen Form eine neue Chance zu geben.

Hast du Tipps zur Aufbewahrung von Gemüse?

Vor allem sollte man den Einkauf planen. Nichts auf Vorrat kaufen (außer die vorher genannten haltbaren Basics), sondern nur das, was man wirklich braucht.

Gemüse ist empfindlich, die meisten Sorten muss man schnell verarbeiten. Wurzelgemüse hält sich allerdings gut. Grünes Gemüse ist nicht so lange haltbar und vieles davon gibt außerdem Äthylen ab, ein Reifungsgas, das anderes Gemüse schneller reifen lässt. Paprika und Äpfel geben beispielsweise viel Äthylen ab, während Gurken und Möhren besonders stark darauf reagieren. Heben Sie die also nicht zusammen auf. Je weniger Gemüse im Kühlschrank liegt, umso länger hält es.

Achten Sie auch darauf, dass der Kühlschrank nicht wärmer als +4° C ist. Und schauen Sie doch mal im Internet genau nach, wie man welches Gemüse optimal aufbewahrt.

Nicht alle Lebensmittelgeschäfte haben ein gutes Biosortiment – wo sollte man einkaufen?

Je mehr man direkt vor Ort kauft, umso mehr erfährt man über das, was man isst. Wenn man die Möglichkeit hat, manchmal ein Bund Grünkohl direkt beim Bauern zu kaufen, bekommt man wahrscheinlich einen anderen Blick darauf, als wenn man nur im Supermarkt einkauft. Es gibt inzwischen überall Hofläden und Gemüsekisten von regionalen Produzenten, auch in den Großstädten. Die kann man dann einfach fragen, denn niemand weiß besser als derjenige, der die Möhren angebaut oder die Marmelade gekocht hat, wie lange sein Produkt hält oder wie es am besten schmeckt. Man erfährt schon beim Kauf, ob es Biogemüse ist oder nicht – und je mehr Kunden nach Bioprodukten fragen, umso mehr Bauern finden es sinnvoll, darauf zu setzen, und umso mehr Bioprodukte kommen in den Handel.

Dann gibt es noch die Möglichkeit, Ernteanteile zu kaufen und so die Höfe direkt zu unterstützen – unter den Stichworten Solidarische Landwirtschaft (SoLaWi) und Kooperative Landwirtschaft (KoLa) finden Sie mehr dazu. Und es gibt Bauern, die zerlegte Tiere komplett an die Konsumenten verkaufen. Dieser direkte Kontakt zu denjenigen, die hinter den Lebensmitteln stehen, fördert den Respekt für den Hersteller und für das Essen. Ein mehrere Tage altes Brot wirft man nicht so leicht weg, wenn man dem Bäcker selbst die Hand geschüttelt hat.

Wie kann ich im Restaurant beeinflussen, welche Lebensmittel mir serviert werden?

Fragen Sie nach! Woher kommen die Lebensmittel? Sind sie bio? Sind sie nachhaltig produziert? Um das Bewusstsein für Nachhaltigkeit beim Essen zu erhöhen, stellt man am besten viele Fragen. Genauso wichtig ist es, einen Koch zu loben, wenn er so arbeitet, wie Sie es schätzen.

Natürlich ist es für Restaurantbesitzer:innen nicht immer leicht, ihr Angebot zu verändern. Aber man kann sich bewusst machen, dass man mit nachhaltigem Essen im Lokal etwas Gutes für alle tut. Dass man dadurch mit anderen und mit dem Planeten solidarisch ist. Genau wie bei diesem Buch ist das Ziel, die Welt ein bisschen besser zu machen. Aufmunterung und Zustimmung helfen dabei.

Schmeckt man es, wenn Gemüse nachhaltig produziert wurde?

Ja, irgendwie schon, allerdings passiert nicht alles im Mund. Ich sage immer, wenn man etwas mit gutem Gewissen essen kann, schmeckt es gleich doppelt so gut. Denn es bedeutet wirklich etwas. Wenn man weiß, dass etwas auf gute Art produziert wurde, dann tut das Essen auch dem Herzen gut. Und durch Essen sollten wir uns gut fühlen, körperlich und seelisch.

Was nimmst du von der Arbeit an diesem Buch mit?

Für mich war dieser Auftrag unheimlich inspirierend. Auch, weil ich am Puls der Zeit und bei der Veränderung dabei sein kann. Ich hoffe, dass alle, die das Buch geschenkt bekommen oder kaufen, genauso inspiriert werden wie ich, ihre Ess- und Kochgewohnheiten und die Zusammenstellung der Gerichte zu hinterfragen. Nichts ist selbstverständlich - nicht mal für einen Koch wie mich, der das seit 30 Jahren macht. Es war wirklich lehrreich.

Ein anderer großartiger Aspekt ist, dass ich mit Zeina zusammenarbeiten durfte, die wirklich die personifizierte Alltagsinspiration ist. Die Art, wie sie arbeitet, ist so überzeugend. Sie geht auf die Menschen zu, setzt sich - bildlich gesprochen - zu Ihnen auf die Küchentheke und unterstützt sie bei jedem Schritt. Sie hat die Gabe, ganz leicht mit Menschen in Kontakt zu kommen und zu bleiben, mit denen sie sich versteht und die sich mit ihr verstehen. Die ganze Woche über erweitert sie unseren Horizont, sowohl was die Zutaten angeht als auch die Gerichte. Dafür sollte sie ordentlich gefeiert werden. Sie inspiriert mich, zugänglicher zu sein und mehr zu einem Lehrer zu werden.

TORSDAG & FREDAG & LÖRD
BOKA BORD ELLER HELGKAS
MENY PÅ HEMSID
HÄR
SÖDERMA

Was sollen wir essen?

Vier-, fünfmal pro Tag bekommen wir Menschen Hunger und können ihn mit etwas Glück auch stillen. Mit einem Stück Obst, einem kleinen Burger, einer Zimtschnecke oder … ist etwa schon Zeit fürs Abendessen? Essen ist unser Treibstoff. Es gibt uns Energie, und wir müssen immer wieder tanken. In unserem Teil der Welt isst jeder Mensch im Laufe seines Lebens ganze 50 Tonnen Lebensmittel. Da ist es nicht verwunderlich, dass es wichtig ist, woraus das Essen besteht. Denn es hat nicht nur für den Moment eine Wirkung auf uns (nach der Banane haben wir wieder Energie), sondern auch auf längere Sicht. Und es hat nicht nur Einfluss auf uns, sondern auch auf diejenigen, die uns jeden Tag mit Essen beliefern: Landwirte, Fischer, Produzenten. Genauso auf die Tiere - Haustiere und Wildtiere - und sogar auf jegliches Leben auf der Erde.

Wenn es um den Ausstoß von Kohlendioxid geht, wird viel von Flugreisen und Energiequellen geredet, aber bis zu einem Viertel der ausgestoßenen Treibhausgase haben mit dem Essen zu tun. Damit, wie das, was auf unseren Tellern liegt, dort landet. Gemüse, Getreide, Obst, Fisch, Fleisch, Milch, Käse - wie sie hergestellt und behandelt werden, hat eine große Auswirkung auf die Umwelt und das Klima. Gleichzeitig wird ein Drittel aller produzierten Lebensmittel weggeworfen. Die Klimaveränderungen, die der CO_2-Ausstoß verursacht, wirken sich wiederum auf die Lebensmittelproduktion aus. Und trotz der Komplexität des Themas wissen wir eigentlich, wie wir es intelligenter und besser machen könnten.

Es gibt also keinen Zweifel daran, dass es wichtig ist, was wir essen. Natürlich haben Sie als Konsument nicht die Macht, einsam die Art der Lebensmittelproduktion zu verändern. Aber zusammen mit Umweltschutzorganisationen, die hart darum kämpfen, dass Politiker und der Handel sich in Richtung Nachhaltigkeit bewegen, sind es oft mutige Mitbürger, die den Weg zeigen. Auch wer nicht auf Demonstrationen möchte, wer keine Podiumsdiskussionen bestreiten oder sich mit »denen da oben« anlegen möchte: Auch was wir täglich in den Einkaufswagen legen, sendet wichtige Signale an den Markt und die Politik. Es zeigt auf, in welche Richtung sich die Lebensmittelproduktion entwickeln soll. Es sind Signale, die Großhändler, Läden und Restaurants anregen, zu überprüfen, was sie ihren Kunden und Gästen anbieten.

Wir sind schon viele, die überzeugt sind, dass es höchste Zeit für Veränderung ist. Dass die Welt eine Lebensmittelproduktion braucht, die keine Kompromisse eingeht: ökologische Vielfalt, Zugang zu sauberem Wasser, das Klima, die Ökosysteme, von denen auch wir Menschen abhängen – wir müssen all dies schützen und stärken. Aber wie? Was sollen wir essen?

Lesen Sie weiter, wir erklären alles ganz genau.

GIER FRÅGA OSS!
LANTHANDEL
VÄLJ - VÄG - BETALA
TACK!
STOCKHOLM BREWING CO.

Nicht nur Gemüse kommt aus der Erde

Ein Großteil unserer Lebensmittel kommt aus der Erde. Gemüse, Obst, Getreide, Nüsse, Hülsenfrüchte. Aber im Grunde auch Fleisch und Milchprodukte, da die Tiere ja Pflanzen fressen. Ohne Pflanzen gibt es keine Hamburger, keinen Frischkäse und keinen Joghurt.

Der gute, alte Kreislauf

Pflanzen brauchen Nährstoffe, um zu wachsen und zu blühen. Ein wichtiger Nährstoff ist Stickstoff. Und obwohl Stickstoff zu den häufigsten chemischen Elementen der Erde gehört, gibt es im Boden nur sehr wenig Stickstoff, den die Pflanzen aufnehmen können.

Anfang des 19. Jahrhunderts hat man herausgefunden, dass manche Pflanzen mit ihren Blättern Stickstoff aus der Luft einfangen und durch ihre Wurzeln in der Erde binden, Klee und Erbsen beispielsweise. Man begann, sie verstärkt anzubauen. Wenn die Pflanzen ihren Dienst an der Erde erledigt hatten, gab man sie den Tieren als Futter. Den Mist der Tiere brachte man wiederum als Dünger aufs Feld aus, auf dem Getreide und Gemüse angebaut wurde – also Essen für diejenigen, die auf dem Hof lebten und arbeiteten. Das Ganze funktionierte als natürlicher Kreislauf. Es herrschte ein Gleichgewicht zwischen Tieren und Pflanzen. Dieselbe Menge Nährstoffe, die bei der Ernte aus der Erde genommen wurde, wurde wieder zurückgeführt – der Stickstoff wurde sozusagen recycelt. Ein Teil der Ernte wurde vielleicht auf dem lokalen Markt verkauft, wo man auch Geräte, Saatgut und Tiere kaufen oder tauschen konnte, alles regional produziert.

Der Kunstdünger erscheint

Anfang des 20. Jahrhunderts gelang es, Stickstoff industriell herzustellen, und das veränderte alles. Mithilfe fossiler Energie konnte man nun Stickstoff aus der Luft binden. Der Kunstdünger war erfunden.

Heute sind die Produktion und die Nutzung von Kunstdünger für über ein Fünftel der Treibhausgase weltweit verantwortlich.

Dass der Dünger jetzt nicht mehr von Tieren oder stickstoffbindenden Pflanzen kommen musste, gab den Bauern größere Flexibilität. Nach dem Ende des Zweiten Weltkriegs wurde es in der Landwirtschaft immer üblicher, sich in bestimmten Gegenden auf den Anbau von Pflanzen zu spezialisieren und sogar nur eine oder wenige Feldfrüchte zu produzieren anstatt wie früher von allem ein bisschen anzubauen. Andernorts spezialisierte man sich auf Tierzucht, der Einfachheit halber gern auf eine einzige Art.

Als dann auch noch mit fossiler Energie angetriebene Maschinen die Tiere als Arbeitskraft auf dem Feld ersetzten, sah die Zukunft rosig aus. Die Landwirtschaft war viel effektiver geworden, was zu weniger Bauernhöfen, größeren Tierzahlen, höheren Ernteerträgen und schließlich zu billigerem Essen führte. All das wirkte zu Beginn sehr clever. Aber der natürliche Kreislauf auf den Höfen war zerbrochen und das Gleichgewicht zwischen Tieren und Pflanzen ebenfalls. In der einen Region gab es viel zu viel Dünger in Form von Mist auf den Höfen mit Tieren, während man in der anderen industriell hergestellten Kunstdünger importieren musste, damit die Erde nicht nach jeder Ernte zu mager war.

Heute sind die Produktion und die Nutzung von Kunstdünger für über ein Fünftel sämtlicher Treibhausgase weltweit verantwortlich. Es wird mehr Dünger in Form von Stickstoff ins Ökosystem eingebracht als jemals zuvor – und viel mehr, als die Pflanzen überhaupt aufnehmen können. Dadurch ist der gesamte globale Stickstoffkreislauf durcheinandergekommen. Außerdem ist Kunstdünger eine der Hauptursachen für die Überdüngung von Meeren, Seen und Flüssen. Er ist zudem ein starker Antreiber des Klimawandels, der Übersäuerung und der Schädigung der Ozonschicht.

Bei der Nutzung von Kunstdünger werden also Treibhausgase freigesetzt, vor allem Lachgas. Und die Herstellung ist enorm energieintensiv und verbraucht massenweise fossile Energie. Deutlich weniger

Kunstdünger als heute üblich einzusetzen, ist daher ein wichtiger Schlüssel zur Lösung mehrerer großer Probleme.

… gefolgt von Pflanzenschutzmitteln

Eine weitere Verbesserung für Bauern waren die neuen chemischen Pflanzenschutzmittel. In der Mitte des 20. Jahrhunderts begann man, sie in großem Stil einzusetzen, um Pflanzenschädlinge zu vernichten, damit die Ernteerträge höher würden. Angesichts der Tatsache, dass wir schon seit Jahrtausenden Felder bestellen und nach reicherer Ernte streben, ist es übrigens merkwürdig, dass die Landwirtschaft mit Chemikalien heute konventionell genannt wird. Schließlich gibt es sie ja erst seit gut 70 Jahren.

Und in diesen 70 Jahren haben wir einiges gelernt. Unter anderem, dass Pestizide sich nicht nur auf Unkraut und Schädlinge auswirken, sondern auch auf lebenswichtige Nutzinsekten, etwa Bestäuber und Bodenlebewesen von Mäusen bis Pilzen. Die Mittel bleiben auch nicht bloß dort, wo sie ausgebracht wurden, sondern verbreiten sich im schlimmsten Fall durch Wasserläufe, Seen, Grundwasser und Regenwasser – und können Pflanzen wie Tieren schaden und das Trinkwasser verunreinigen.

Sie hinterlassen auch ihre Spur in den Lebensmitteln, die mit ihrer Hilfe produziert werden – Gemüse, Getreide, Fleisch, Milchprodukte. So landen sie am Ende in uns. Die Konzentration mag gering sein, dennoch kann es ein Risiko für uns bedeuten. Heute wissen wir nämlich nur, wie diese Mittel wirken, wenn wir sie einzeln aufnehmen. Unklar ist dagegen immer noch der sogenannte Cocktaileffekt: Was passiert, wenn wir über einen langen Zeitraum gleichzeitig mehreren unterschiedlichen Chemikalien in niedriger Konzentration ausgesetzt sind? Man vermutet sogar, dass das Risiko für Gesundheitsprobleme sich nicht nur addiert, sondern multipliziert. Dass Kinder und Föten sensibler auf die Chemikalien reagieren, weiß man sicher.

Es ist also nicht akut gefährlich, »konventionell« angebautes Obst oder Gemüse zu essen, dem Reste chemischer Pflanzenschutzmittel anhaften. Aber es ist wichtig, alle unnötigen, gefährlichen Chemikalien, denen wir Menschen ausgesetzt sind, zu minimieren. Bei manchen Dingen sollte man besonders vorsichtig sein. Wer viele konventionelle Zitronen, Weintrauben, reichlich Kaffee und Wein konsumiert, hat nämlich nachgewiesenermaßen eine höhere Konzentration von Pflanzenschutzmitteln im Körper – eben weil genau diese Produkte so stark gespritzt werden. Jemand, der innerhalb der Chemie-basierten Landwirtschaft arbeitet und tagtäglich diesen Mitteln ausgesetzt ist, hat ein größeres Risiko, krank zu werden, besonders in Niedriglohnländern, wo der Umgang mit den Mitteln weniger kontrolliert wird.

Bioanbau folgt der Natur

In den 1970er-Jahren erwachte das Interesse an ökologischer oder auch alternativer Landwirtschaft. Dabei werden weder Kunstdünger noch chemische Pflanzenschutzmittel verwendet, stattdessen wird mit Dung, stickstoffbindenden Pflanzen, abwechslungsreichen Fruchtfolgen und biologischen Pestiziden gearbeitet. Es gibt viele clevere chemiefreie Mittel und Methoden, die ein Biobauer gegen Schädlinge, Pilze und Unkraut einsetzen kann. Manche setzen Käfer aus, die die Schädlinge auffressen, andere benutzen Pheromone, um die Eindringlinge zu verwirren. Aber vor allem wählen Biobauern robustere Pflanzen, die sie Jahr um Jahr an unterschiedlichen Stellen anbauen. Dadurch, dass an einer Stelle immer wieder andere Pflanzen mit unterschiedlichen Eigenschaften wachsen, verarmt die Erde nicht und das Risiko für Schädlingsbefall und Krankheiten wird verringert. Diese Art von Anbau nennt man Fruchtfolgewirtschaft.

Ökologische Höfe haben eine größere Artenvielfalt. Da man chemische Schutzmittel weglässt, mehr unterschiedliche Feldfrüchte anbaut und oft Weidevieh hält, kann die biologische Vielfalt bis zu dop-

> **Es gibt viele clevere Mittel und Methoden, die ein Biobauer gegen Schädlinge, Pilze und Unkraut einsetzen kann.**

pelt so groß sein wie bei einem konventionell betriebenen Hof. Tatsächlich ist es sogar so, dass mehr Insekten, Vögel und Bodenorganismen auch den Pflanzen helfen, nämlich durch verstärkte Bestäubung und verbesserte Nährstoffaufnahme.

Vielleicht haben Sie gehört, dass alle Arten der Landwirtschaft Auswirkungen aufs Klima haben, und das stimmt auch. Sobald die Erde aufgebrochen und gepflügt wird, werden Kohlendioxid und andere Treibhausgase freigesetzt. Wenn man die Fläche erneut bepflanzt, binden diese Pflanzen dann das Kohlendioxid. Es ist ein System, das, wenn es im Gleichgewicht ist, plus minus null ergibt. Der ökologische Landbau ändert nichts an den Hauptverursachern von Treibhausgasemissionen in der Landwirtschaft, aber ein großer Vorteil ist der Verzicht auf die Klimaschädlinge Kunstdünger und chemische Pestizide. Ein weiterer Vorteil ist die Tatsache, dass die größere Artenvielfalt der Natur mehr Widerstandskraft gegen den Klimawandel verleiht. Die Forschung hat auch gezeigt, dass der ökologische Landbau die Menge der verrotteten Pflanzenmasse im Boden erhöht. Und das ist gut so, denn es macht die Erde fruchtbarer und bindet gleichzeitig Kohlenstoff im Boden. Verrotten die Pflanzen dagegen über der Erde, wird der von ihnen gebundene Kohlenstoff wieder in die Atmosphäre freigesetzt.

Das Problem mit Fleisch und Milch

Wenn wir übers Klima sprechen, müssen wir uns natürlich auch dem Fleisch zuwenden. Wussten Sie, dass die Fleisch- und Milchproduktion sich ungefähr so stark auf das Klima auswirkt wie alle Autos, Busse, Schiffe und Flugzeuge der Welt zusammen? Wiederkäuer wie Kühe und Schafe stoßen große Mengen Methan aus, was ein deutlich schädlicheres Treibhausgas ist als Kohlendioxid. Auch durch Mist und die Tierfutterproduktion entsteht viel Treibhausgas. Aber nicht die Tiere selbst sind das Problem. Dank ihres großartigen Verdauungssystems

> Auf einer natürlichen Weide können bis zu 40 unterschiedliche Arten pro Quadratmeter leben. Sie ist deshalb in unseren Breiten eines der artenreichsten Biotope.

können Wiederkäuer Gras in Fleisch und Milch umwandeln. Gras können wir Menschen nicht essen, Fleisch aber schon, und Milch können wir trinken. Und Mist ist, wie gesagt, ein perfekter Dünger für Getreide und Früchte. Das eigentliche Problem ist, dass es global gesehen inzwischen viel zu viele Nutztiere gibt, vor allem Kühe. Und das liegt an der großen Nachfrage nach Fleisch und Milchprodukten in unserem Teil der Welt. Außerdem werden sie weit von Äckern entfernt gezüchtet, ganz vom natürlichen Kreislauf getrennt. Die Konsequenz daraus ist, dass sich viel Dung dort ansammelt, wo er nicht gebraucht wird. Dann dringt er in den nahen Wasserkreislauf ein, was z.B. zu Algenblüten und Sauerstoffmangel führt.

Am richtigen Ort und in der richtigen Menge können Wiederkäuer der Umwelt sehr nützen. Wenn sie grasen, halten sie nicht bloß die Landschaft offen (sonst würde überall Wald entstehen), sie erschaffen auch eine Umgebung, in der sich Pflanzen, Insekten und Vögel wohlfühlen. Das ist für sich genommen schon wertvoll, aber führt auch dazu, dass die Natur robuster wird – ein wichtiger Faktor, damit wir den Klimawandel mit immer extremerem Wetter besser verkraften. Auf einer natürlichen Weide können bis zu 40 unterschiedliche Arten pro Quadratmeter leben. Sie ist deshalb in unseren Breiten eines der artenreichsten Biotope. Wenn wir weiterhin die offene Landschaft genießen wollen und all das, was gratis dadurch ermöglicht wird, z.B. die Bestäubung von Blumen und Nutzpflanzen durch Insekten, muss es Weidewirtschaft geben.

Leider stammt aber nur ein Bruchteil unseres Fleischs aus Weidehaltung. Das ist auch deswegen schade, weil dieses Fleisch eine bessere Zusammensetzung an Fettsäuren hat und ein Mehrfaches der nützlichen Omega-3-Fettsäuren enthält. Und – da wir hier vom Essen reden, darf man das nicht vergessen – Weidefleisch schmeckt auch viel besser als Fleisch aus konventioneller Viehzucht.

Die meisten Kühe auf der Welt weiden tatsächlich selten oder nie. Sie stehen in riesigen Ställen und fressen vor allem Kraftfutter – billiges, nicht-ökologisches Getreide (produziert mithilfe von Kunstdünger und Pestiziden) und extrem billiges und stark gespritztes Soja. Für dieses Futter sind ihre Mägen überhaupt nicht gemacht. Fast die Hälfte alles weltweit angebauten Getreides wird zu Tierfutter, in Deutschland sind es laut Bundesministerium für Ernährung und Landwirtschaft sogar 53,6 %.[1] Das ist eine große Ressourcenverschwendung und eine unkluge Art, unseren Boden zu nutzen. Es wäre dagegen viel klüger, stattdessen Pflanzen anzubauen, die wir Menschen direkt essen können, ohne den Umweg durch das Tier. Denn das bedeutet viel mehr Essen auf derselben Fläche. Und auf den Flächen, auf denen man nichts für uns Menschen anbauen kann, beispielsweise auf Magerböden und in Hanglagen, kann Vieh weiden.

Oder vielleicht sollten wir mehr Bodenfläche dem Wald überlassen. Denn der Wald kann Kohlenstoff einfangen und binden, also den Kohlenstoff im CO_2, von dem wir viel zu viel in die Atmosphäre bringen und der aktuell eine unserer größten Herausforderungen ist. An vielen Orten weltweit werden riesige Waldflächen gerodet, um mehr Platz zu schaffen für Fleischtiere und für den intensiven Anbau von z. B. Soja, das wiederum zu Tierfutter vor allem für den Westen verarbeitet wird. Dieses Soja wird mithilfe großer Mengen Kunstdünger und extrem giftiger Pflanzenschutzmittel angebaut. Die Abholzung von Wäldern hat zu einem enormen Ausstoß an Treibhausgasen geführt, zu reduzierter Kohlenstoffeinlagerung und nicht zuletzt zur Ausrottung von Arten und zerstörten Ökosystemen.

Wie geht es uns – und wie geht es den Tieren?

Der Durchschnittseuropäer isst gut doppelt so viel Fleisch wie der weltweite Durchschnitt. Das tut uns nicht gut. Ein hoher Fleischkonsum

[1] www.bmel-statistik.de/ernaehrung-fischerei/versorgungsbilanzen/getreide

erhöht das Risiko für Darm- und Brustkrebs, für Diabetes, Übergewicht und Herz-Kreislauf-Erkrankungen. Gesundheitsorganisationen empfehlen, unseren Fleischkonsum zu reduzieren.

Unser hoher Verbrauch und die Nachfrage nach billigem Fleisch wirken sich nicht nur negativ auf die Umwelt, das Klima und unsere Gesundheit aus, auch die Tiere werden immer schlechter behandelt. Die Landwirte haben keine Wahl, sie müssen effizienter werden und rationalisieren, damit sie über die Runden kommen. Ein Großteil der landwirtschaftlich genutzten Tiere hat keine Möglichkeit, ihr natürliches Verhalten auszuleben. Nur auf Biohöfen dürfen sie öfter aus dem Stall und können das machen, was sie am liebsten tun: Grasen, Herumspringen, Wühlen, Schlammbaden. Auch im Stall haben sie mehr Platz. Bei Schweinen, Legehennen und Hühnern, die in der konventionellen Viehzucht oft ausschließlich drinnen gehalten werden, ist der Unterschied am größten.

Anstatt Soja und Co., das auf der anderen Seite der Erde angebaut wurde, fressen Tiere auf Biohöfen vor allem selbst produziertes Futter. Und zwar Pflanzen, für die ihr Magen gemacht ist: Gras, Klee, Heu (bei Kühen und Schafen) und Getreide (bei Hühnern und Schweinen), die ohne Kunstdünger oder Pestizide angebaut werden. Wenn die Tiere krank werden, werden sie selbstverständlich behandelt, aber z. B. die prophylaktische Gabe von Antibiotika ist verboten. Und wenn die Tiere geschlachtet werden, dann geschieht das nach strengen Regeln.

Außerdem sollte man wissen, dass Biolebensmittel genauer kontrolliert werden als andere. Biohöfe, -bäckereien und -fabriken erhalten regelmäßig angemeldeten und unangemeldeten Besuch von unabhängigen Kontrolleuren.

Darüber hinaus geht man mit Biowaren unnatürlichen Farbstoffen und künstlichen Geschmacksverstärkern aus dem Weg. Also Stoffen, die Erdbeermarmelade besonders rot machen oder dafür sorgen, dass Guacamole nach Avocado schmeckt, obwohl sie praktisch keine enthält.

Welches Obst und Gemüse sollte man also kaufen?

KURZ GESAGT: Obst und Gemüse in Bioqualität, am besten mit Siegel.

Essen Sie mehr regionales Obst, genießen Sie Biogemüse, und das alles passend zur Saison – das ist das Beste, was Sie für Umwelt und Klima tun können. Und nicht nur Gurken und Salat. Denken Sie an Wurzelgemüse, Kohl, Bohnen, Linsen, Erbsen, Sprossen, grünes Blattgemüse und buntes Gemüse, aber auch an anderes wie Pilze, Nüsse, Kerne und Algen (die gibt es mittlerweile auch aus der Nordsee).

Und was gilt, wenn man Fleisch kaufen möchte?

KURZ GESAGT: Kaufen Sie Fleisch und Wurstwaren selten, und wenn, dann nehmen Sie einheimisches Biofleisch aus natürlicher Weidehaltung, am besten mit Biosiegel, oder aber Wild. Reduzieren Sie auch den Fleischanteil auf dem Teller – ein kleineres Stück Fleisch, mehr Gemüse. Und lassen Sie Huhn und Schwein ganz weg.

Huhn hat einen geringeren Einfluss aufs Klima als Schwein und Schwein wiederum einen geringeren als Rind oder Lamm. Doch Schweine und Hühner fressen kein Gras und haben keinen nennenswerten Nutzen in unserem Ökosystem. Hühner- und Schweinefutter besteht außerdem zum Großteil aus Weizen, Gerste, Mais, Erbsen und Soja – Pflanzen, die wir essen können, ohne den Umweg durch das Tier. Und Soja wird nicht hierzulande angebaut, sondern aus Ländern importiert, wo der Anbau stark umweltschädigend ist. Auch wenn die Aufzucht von Schweinen und Hühnern also weniger klimaschädlich ist als die von Rindern und Schafen, ist sie trotzdem problematisch. Noch mal: Es liegt nicht am Tier, sondern an der Art, wie wir es füttern und aufziehen.

Und Wild? Genau wie die Wiederkäuer auf dem Bauernhof setzen auch wilde Wiederkäuer in unseren Wäldern Methan frei. Aber die Wildtiere sind ein Teil des Ökosystems Wald und fressen Früchte, die wir Menschen nicht nutzen können. Und da Wildtiere normalerweise nicht gefüttert werden, gibt es auch keine umweltschädliche Futterproduktion. Daher ist Wildfleisch vom Umweltschutzaspekt eine gute Alternative, wenn Sie mal Fleisch essen möchten.

Was ist mit Joghurt, Butter und Käse?

KURZ GESAGT: Essen Sie Milchprodukte nur selten, und wenn, dann in Bioqualität. Wechseln Sie mit pflanzenbasierten Bioalternativen ab.

Auch wenn Sie Käse und Crème fraîche lieben - reduzieren Sie den Verbrauch oder probieren Sie pflanzenbasierte Varianten aus. Milchprodukte, vor allem Käse, gehören zu den verborgenen Klimaschädigern, weil in einem einzigen Produkt viele Liter Milch konzentriert sind.

Und Eier?

KURZ GESAGT: Essen Sie weniger Eier, und wenn Sie welche essen, dann in Bioqualität.

Hühner möchten herumlaufen und nach Fressen suchen. Sie fressen Grünpflanzen, Würmer und anderes, das sie selbst finden. Das dürfen Hühner auf Biohöfen. Sie werden dort auch gefüttert, aber mit Biofutter. Wenn Hühner entscheiden dürfen, dann wählen sie bio, nicht das gespritzte Futter - das haben Studien gezeigt. Studien zeigen auch, dass Hühner, die bio gefüttert werden, sich schneller von Krankheiten erholen.

Bedeutet vegetarisch immer nachhaltig?

Darauf gibt es keine kurze Antwort, weil man zu viele Aspekte berücksichtigen muss. Aber es ist klar, dass der Übergang zu einer stärker pflanzenbasierten Ernährung entscheidend für die Nachhaltigkeit ist.

Pflanzliche Lebensmittel verbrauchen weniger Grundfläche und wirken sich weniger aufs Klima aus. Den größten Umweltnutzen haben ökologisch produzierte Pflanzen aus der Region. Die Liste der nichtökologischen Pflanzen, deren Anbau der Umwelt schadet, ist lang: Stark gespritzte Kartoffeln und Mandeln oder Monokulturen aus Raps und Soja sind Beispiele dafür. Wenn Lebensmittel über lange Strecken transportiert werden, ist das generell problematisch. So ist es beispielsweise nicht nachhaltig, große Mengen Bio-Avocados von der anderen Seite der Erde zu essen, auch wenn sie vegetarisch sind.

Eine vegetarische Mahlzeit hat durchschnittlich halb so große Auswirkungen aufs Klima wie ein Fleischgericht. Aber wenn man sich vegetarisch ernährt und gleichzeitig viel Käse und andere Milchprodukte verzehrt, kann es für das Klima besser sein, stattdessen viel Gemüse und ein bisschen Fleisch zu essen.

Ein weiterer Punkt ist, dass heute viele vegetarische Produkte auf dem Markt hochverarbeitete Fertigprodukte sind. Hochverarbeitete Lebensmittel verschlingen während der Produktion viel Energie und enthalten oft viele unterschiedliche Zutaten – die ebenfalls alle transportiert wurden. Leider gibt es bisher nur sehr wenige gute vegetarische Biofertigprodukte in den Geschäften.

In die Berechnung geht außerdem ein, welchen Nutzen die Lebensmittel uns, die wir sie essen, bieten, also wie viel Energie und wie viele Nährstoffe. Reis zum Beispiel wird in der Welt sehr viel gegessen – für viele Menschen ist er ein Grundnahrungsmittel. Reis ist ein Produkt, das satt macht, aber nicht viele Nährstoffe enthält. Er wird auf bewässerten Feldern angebaut, die nach der Ernte trockengelegt werden,

Gemüse und Obst, das gerade Saison hat, hat mehr Nährstoffe und schmeckt besser. Und wenn es von allein reifen darf, braucht es weniger Energie.

was Methan freisetzt. Deshalb ist Reis nicht gerade gut fürs Klima. Wir in Europa können daher gut auf nährstoffreiche und vor Ort ökologisch angebaute Getreidesorten zurückgreifen, etwa Weizenkörner, Haferreis und Buchweizen.

Sind alle Biolebensmittel nachhaltig?

Es ist, wie gesagt, unmöglich, die Erde zu bestellen, ohne dass es Auswirkungen auf Klima und Umwelt hat. Das aber ökologisch zu tun, ohne Kunstdünger und Pestizide und im Sinne des Kreislaufgedankens, ist nachhaltiger als ein konventionell betriebener Hof. Doch auch Biolebensmittel können im großen Stil produziert werden, und das ist für die Umwelt schlecht, da dadurch monotone Landschaften mit geringer Artenvielfalt entstehen.

Biofleisch hat ungefähr dieselben Auswirkungen aufs Klima wie konventionelles Fleisch, aber bietet besseres Tierwohl und andere Vorteile für die Umwelt. Biohöfe schädigen das Klima generell pro Hektar weniger, aber pro Produkt ungefähr genauso viel, da die Ertragsmengen oft niedriger sind. Darüber hinaus ist die Artenvielfalt auf und um den Biohof größer. Es gibt mehr Bestäuber, das Mikroleben in der Erde ist reicher und Boden und Wasser bleiben giftfrei.

Zusammenfassend kann man sagen, dass die ökologische Landwirtschaft nicht perfekt ist. Sie entwickelt sich ständig weiter, genau wie die konventionelle Landwirtschaft. Probleme, Möglichkeiten und Voraussetzungen variieren von einem Bauernhof zum nächsten sowie von einer Region zur nächsten.

KURZ GESAGT: Insgesamt gesehen ist die ökologische Landwirtschaft besser für die Umwelt und das Klima als die konventionelle Landwirtschaft.

Wann sollte man was kaufen?

Die größte Auswahl von saisonalem Obst und Gemüse findet man hierzulande zwischen Juni und Oktober. Viele Wurzelgemüse, unzählige Kohlsorten und Zwiebeln werden noch später geerntet und lange gelagert, deswegen kann man sie fast das ganze Jahr hindurch kaufen. Im Winter ist es daher gut, Rotkohl und Möhren zu kaufen statt importierte Salate, Tomaten und Gurken. Im Sommer und Herbst kann man dagegen alles genießen, was die Erde so hergibt – neue Kartoffeln, Tomaten, Spargel, Gurke, Salat, Lauch, Rhabarber, Äpfel und natürlich alles, was man im Wald und auf Wiesen findet: Beeren, Pilze, Wildkräuter …

Gemüse und Obst, das gerade Saison hat, hat mehr Nährstoffe und schmeckt besser. Und wenn es von allein reifen darf, braucht es weniger Energie. Durch das große Angebot ist auch der Preis niedriger, also achten Sie darauf, was Saison hat.

Und wie wäre es, den Geschmack für den dunklen Winter zu konservieren? Traditionelle wie auch innovative Möglichkeiten der Haltbarmachung von Obst und Gemüse sind gerade sehr im Trend und bieten viel Abwechslung. Eine Tomatenmarmelade ist schließlich sowohl im Geschmack als auch bei den Anwendungsmöglichkeiten etwas ganz anderes als eine Tomate im Salat. Ein eingelegtes Radieschen schmeckt nicht nur lecker zum Taco, es hält sich außerdem auch ungefähr ein Jahr im Kühlschrank. Und viel Obst und Gemüse lässt sich leicht so verarbeiten, dass es sich viele Monate im Gefrierschrank hält.

KURZ GESAGT: Eine Faustregel für den saisonalen Einkauf ist, Obst und Gemüse in Bioqualität aus dem eigenen Land zu kaufen, danach aus direkten Nachbarländern und erst dann aus Südeuropa. Finden Sie nicht immer Gemüse, das Saison hat? Keine Sorge, allein, dass Sie viel Gemüse essen, bedeutet, dass Sie etwas für die Umwelt tun.

Regional oder bio?

Für ökologisch produzierte Lebensmittel gibt es Siegel, an denen man sich orientieren kann. Bei regionalen Produkten ist das schwieriger. »Regional« bedeutet ja nur, dass es an einem bestimmten Ort hergestellt wurde (mit undefiniertem Abstand zum Käufer), aber es sagt nichts darüber aus, wie es produziert wurde. Stammen die Eier von Hühnern, die draußen herumlaufen können? Hat der nahe gelegene Hof beim Kartoffelanbau importierten Kunstdünger und importierte Pestizide benutzt?

Tatsächlich spielt es eine größere Rolle, wie etwas angebaut wird als wo. Daher kann es besser sein, italienische Äpfel in Bioqualität zu kaufen anstatt konventionell produzierte aus Deutschland. Der nicht ökologische Anbau von Bananen, Kaffee und Kakao stellt ein viel größeres Problem dar als deren Transport nach Europa. Denn Pestizide, Kunstdünger und riesige Monokulturen belasten die Umwelt viel stärker als die Frachtfahrzeuge, die die Waren transportieren. Der Großteil der importierten Lebensmittel wird auf Schiffen und Lastwagen hergebracht, was relativ wenig Treibhausgas pro Kilo bedeutet, auch wenn da noch viel zu tun ist. Sehr wenige Produkte werden eingeflogen, nämlich vor allem empfindliche Lebensmittel mit kurzer Haltbarkeit wie bestimmte Beeren und exotische Früchte.

Die Empfehlung lautet also, Bioprodukte, die so nah wie möglich produziert wurden, zu verwenden. Wenn Sie die Möglichkeit haben, dann kaufen Sie doch direkt beim Biobauern – vielleicht gibt es einen in Ihrer Nähe?

Die Empfehlung lautet also, Bioprodukte, die so nah wie möglich produziert wurden, zu verwenden.

Aus dem Meer

Im Meer leben Fische und Meeresfrüchte, und für einen großen Teil der Weltbevölkerung sind sie eine wichtige Nahrungs- und Proteinquelle – besonders in Ländern mit niedrigem Einkommen. Das ist einer der Gründe, warum fast die Hälfte der Erdbevölkerung an Küsten lebt. Aber das Meer gibt uns so viel mehr als nur Essen.

Ein fantastisches Ökosystem

Das, was unter der Oberfläche geschieht, kann man leicht vergessen, wenn man über Essen, Artenvielfalt und Klima spricht. Meere und Küstenzonen bedecken über zwei Drittel der Erdoberfläche, und die Landschaft im Meer ist mindestens so abwechslungsreich wie die an Land. Sie enthält einige der produktivsten und artenreichsten Ökosysteme der Welt – etwa Korallenriffe, Seegraswiesen, Mangroven- und Seetangwälder, Lagunen und Tiefseeberge. Die seichten Gegenden machen gerade mal 7 % der Meere aus, sind aber wichtig für Meeresbewohner. Hier lebt ungefähr die Hälfte der Fisch- und Schalentierarten.

Niemand weiß sicher, wie viele Arten im Meer leben. Eine Viertelmillion sind beschrieben, aber Forscher schätzen, dass es mindestens viermal so viele gibt. Dank dieser biologischen Vielfalt ist das fantastische Ökosystem des Meeres nicht nur für Nahrung gut, sondern hat auch viele andere Umweltnutzen. So produziert das Meer beispielsweise die Hälfte des Sauerstoffs, den wir atmen, und nimmt ein Drittel des von uns ausgestoßenen Kohlendioxids auf. Es hat auch noch andere, wichtige, regulierende Funktionen: etwa Meeresströme, die Wärme und Kälte über den Planeten verteilen. Und das Meer als Ort der Ruhe und Schönheit ist auch nicht zu verachten!

Zu viel und zu schonungslose Fischerei

Es heißt, dass Fischessen schlau macht, aber manchmal kann es schlauer sein, kein Fisch zu essen. Im Moment sind wir nämlich auf dem Weg, die Meere leer zu fischen.

Über ein Drittel der marinen Säugetiere gilt als bedroht, von den Fischen ganz zu schweigen. Eins der Probleme ist, dass wir viel zu viel fischen. Über 90 % des Fischbestands der Welt, darunter unsere häufigsten Speisefische, werden überfischt. Durch die Überfischung entsteht außerdem ein Ungleichgewicht, das große Konsequenzen für das Ökosystem nach sich zieht. Wenn man zum Beispiel viel von einer Art fischt, die in der Nahrungskette ganz oben steht, etwa der Kabeljau, dann vermehren sich die kleineren Fische, die der Kabeljau eigentlich frisst. Die kleinen Fische fressen wiederum Krebstiere, die sich von feinen Algen im Seegras ernähren. Und wenn es zu wenig Krebstiere gibt, breiten sich die Algen immer stärker aus und verschatten das Seegras – das eine wichtige Kinderstube ist, nicht zuletzt für eben den Kabeljau.

Bessere Technik und immer größere Schiffe mit immer stärkeren Motoren führen zu besseren Möglichkeiten, die Fische zu lokalisieren und aus immer größeren Tiefen und aus abgelegenen Regionen zu fischen. Die Schiffe verfügen über große Kühlräume, was bedeutet, dass sie heute wochenlang auf dem Meer bleiben können, bevor sie voll sind und mit dem Fang den Heimathafen anlaufen müssen. Die kommerzielle Fischerei gehört zu den Lebensmittelproduktionssystemen, die weltweit die meiste Energie verbrauchen.

Ein Großteil der Fischerei erfolgt darüber hinaus mit schädlichen Methoden wie Schleppnetzen. Grundschleppnetzfischerei ist eine effiziente Art, viele Fische in kurzer Zeit zu fangen. Aber es zerstört große Teile des Meeresbodens und des marinen Lebens dort. Schleppnetze wühlen die Sedimentschicht auf, was Eiern und Fischbrut das Überleben schwer macht und im Boden gebundene Umweltgifte freisetzt. Und es verschlechtert sich auch die Fähigkeit des Meeresgrunds, Kohlenstoff einzulagern. Beim Schleppnetzfischen kommt es außerdem zu großen Mengen Beifang: Fische

Über 90 % des Fischbestands der Welt, darunter unsere häufigsten Speisefische, werden überfischt.

der falschen Art, zu große Fische, zu kleine Fische, Seesterne, Krabben, Krebse, Würmer, Seegurken, Anemonen, Seepferdchen, Schlangensterne, Muscheln – sie alle landen im Netz und sterben völlig unnötig. Es werden schätzungsweise 40 % aller gefangenen Meerestiere wieder zurückgeworfen, aber die meisten von ihnen überleben die Tortur nicht.

Besonders fatal in Deutschland: Rund 45 % der Meeresflächen wurden unter Schutz gestellt, aber ein Schutz besteht nur auf dem Papier: Fünf deutsche Meeresschutzgebiete gehören zu den zehn Gebieten in der EU, die am stärksten mit Grundschleppnetzen befischt werden.

Falsche Dinge am falschen Ort

Ein anderes großes Problem ist die Überdüngung. Hier ist die Landwirtschaft die Schuldige Nummer 1. Sie entlässt nämlich Unmengen an Dünger, vor allem Stickstoff und Phosphor, in die Umwelt und die landen früher oder später im Meer und in den Seen. Dadurch vermehren sich bestimmte Arten, während andere verdrängt werden. Das Ergebnis ist ein gestörtes Ökosystem, was sich etwa in Algenblüten und totem Meeresboden zeigt. Kunstdünger aus der Landwirtschaft hat 400 sogenannte »tote Zonen« in den Weltmeeren entstehen lassen, deren Fläche zusammen größer als Großbritannien ist.

Das Leben im Wasser wird von den Tausenden von Umweltgiften aus Industrie, Kläranlagen und Transport stark beeinflusst. Laut einem Forschungsbericht von 2019 werden jährlich 300-400 Millionen Tonnen Schwermetalle, Lösungsmittel, Giftschlamm und andere Abfälle in die Weltmeere geschüttet. In der Ostsee und vielen unserer Seen ist der Gehalt an Umweltgiften inzwischen so hoch, dass es für uns oft ungesund ist, Fische daraus zu essen. Und natürlich ist es für die Fische ge-

Durch die Klimaveränderungen wird das Meereswasser sauerstoffärmer, wärmer und saurer. Der heutige pH-Wert im Weltmeer ist der niedrigste seit 400 000 Jahren.

nauso ungesund, dort zu leben. Arzneimittelreste und andere Umweltgifte können sich auch auf das Verhalten der Fische auswirken. Sie verlieren ihre natürliche Angst und werden dadurch für andere Fische zu einer leichten Beute. Auch hormonelle Störungen wie ein Ungleichgewicht zwischen den Geschlechtern und eine schlechte oder ganz fehlende Fortpflanzung wurden festgestellt.

Als wäre das noch nicht genug, landen jedes Jahr auch Unmengen an Müll und Plastik im Meer. Sowohl große als auch winzig kleine Plastikteile haben ernste Konsequenzen für die Meeresbewohner – entweder, weil sie im Müll stecken bleiben oder weil sie das Plastik mit Futter verwechseln und fressen. Das ist natürlich Wahnsinn. Wir können nicht weiter so wahllos die Meere verunreinigen und gleichzeitig ein lebendiges Meer und reiche Fischereiausbeute erwarten.

Das Meer und der Klimawandel

Abgesehen davon, dass das Meerwasser selbst eine große Menge Kohlendioxid aufnehmen kann, hat das Ökosystem des Meeres die fantastische Fähigkeit, Kohlendioxid im Meeresboden zu binden. Doch wenn der Kohlendioxidgehalt in der Atmosphäre schnell steigt, kommt der langsame Kreislauf des Meeres nicht mehr damit hinterher, alles aufzunehmen.

Durch die Klimaveränderungen wird das Meereswasser sauerstoffärmer, wärmer und saurer. Der heutige pH-Wert im Weltmeer ist der niedrigste seit 400 000 Jahren, was natürlich Folgen für das Leben in der Tiefe hat. Tiere und Pflanzen, die für ihre Schale und ihr Skelett Kalk brauchen, etwa Korallen, Seesterne und Krustentiere, haben es schwerer, sich zu entwickeln und zu überleben. Ein verringerter Salzgehalt und sauerstoffarmer Grund wiederum führen zu einer veränderten Umgebung für die Arten, die sich auf das Leben im Brackwasser spezialisiert haben, darunter so beliebte Speisefische wie Kabeljau, Hering und Seebrasse und die Miesmuschel. Und eine höhere Wassertemperatur lässt das Polareis und die Gletscher schmelzen, wodurch der Meeresspiegel ansteigt. Wärmeres Wasser braucht außerdem mehr Platz als kaltes, was den Meeresspiegel noch mal steigen lässt. Das führt zu zerstörerischen Konsequenzen für die vielen Menschen, die an Küsten leben, und am schlimmsten trifft es die Länder und Inselgruppen auf Höhe des Meeresspiegels.

Tauziehen unter der Oberfläche

Der Druck auf das Meer ist groß, und das Interesse daran, was man unter der Oberfläche findet, steigt weiterhin an. Der Meeresboden und vor allem die Kontinentalsockel enthalten Rohstoffe in Form von Öl, Gas, Sand, Metallen, Salz und Diamanten. Die weltweite Ausbeutung von Meeres- und Küstengebieten hat nicht nur auf das direkte Umfeld negative Auswirkungen, sondern deutlich größere Konsequenzen sowohl für das Ökosystem als auch für die Artenvielfalt.

Auch die Konkurrenz um die Fische ist groß. Wenige große Fischereiflotten aus reichen Ländern, inklusive der EU, beanspruchen den größten Teil der Fische in armen Ländern. Das geschieht auf Kosten der Umwelt und der Millionen Menschen, die für ihr Überleben auf die Kleinfischerei angewiesen sind. Tatsache ist, dass gut 90% der Fischer Kleinfischerei betreiben. Die Hälfte davon sind Frauen.

Es ist nicht zu spät!

Es sieht für das Meer unbestreitbar düster aus, doch es ist noch nicht zu spät, um es zu retten und zu schützen – wenn wir jetzt handeln. Und da ein großer Teil des Meeres außerhalb von Staatsgrenzen liegt, müssen alle Länder weltweit zusammenarbeiten und helfen. Das akuteste Problem ist, dass wir weniger fischen müssen und mit schonenderen Methoden. Auch wir als Konsumenten können etwas beitragen, indem wir weniger Fisch und Krustentiere essen und die, die wir essen, sorgfältig auswählen.

Welche Fische und Meeresfrüchte kann man essen?

KURZ GESAGT: Fleisch ganz durch Fisch und Meeresfrüchte zu ersetzen, ist keine gute Idee. Wir müssen auch davon weniger essen, nicht mehr. Wenn Sie sich Fisch gönnen, dann aus entsprechenden Listen, die nachhaltige Arten aufführen.[2] Finden Sie es schwierig, auf die Art zu achten? Dann achten Sie auf das MSC-Siegel.

Nachhaltiges Essen aus dem Meer ?

Es gibt mehrere Siegel für nachhaltige Fischerei. Neben dem Siegel vom MSC (Marine Stewardship Council) gibt es das ganz ähnliche FOS-Siegel der amerikanischen Organisation Friends of the Sea und das ASC-Siegel (Aquaculture Stewardship Council) für Aquakulturen. Der Bio-Verband Naturland verleiht zwei Siegel, eines für Wildfang und eines für Aquakulturen, die etwas strenger sind als andere. Und auch vom EU-Biosiegel gibt es eine Variante für Aquakulturen. Die Bedingungen, die ein Produkt für die Siegel erfüllen muss, sind alle ähnlich, aber im Detail unterschiedlich.

Leider bekommt man das am weitesten verbreitete Siegel, MSC, immer noch für Fische und Meeresfrüchte, die mit Grundschleppnetzen gefangen werden. Überhaupt ist es für Konsumenten schwer, Meerestiere zu vermeiden, die mit Grundschleppnetzen gefangen wurden. Denn die Fangmethode wird nicht als »Grundschleppnetze« sondern nur als »Schleppnetze« angegeben. Fragen Sie also im Geschäft und im Restaurant nach Fisch und Meeresfrüchten, die mit schonenden Methoden wie Reusen, Haken und Netzen gefangen wurden.

Regionale Fische?

Hätten wir ein gesundes Meer und gesunde Seen und einen Fischbestand, dem es gut geht, wäre es wünschenswert, regionalen Fisch zu kaufen, unter der Voraussetzung, dass er mit schonenden Methoden

[2] z. B. www.verbraucherzentrale.de/guter-fisch, https://fischratgeber.wwf.de

gefangen wurde. Doch leider sind die Ostsee und viele Seen stark mit Umweltgiften wie Dioxinen, PFA und Quecksilber belastet. Wenigstens ist die Schadstoffbelastung in der Nordsee inzwischen gesunken.

Aquakultur?

Fast die Hälfte aller Fische und Meeresfrüchte, die wir essen, stammt aus Aquakulturen, meist in anderen Ländern.

Riesengarnelen werden etwa in den Tropen gezüchtet. Die Zucht ist dort einer der Hauptgründe für den drastischen Rückgang von Mangroven – die Wurzeln dieses Baums dienen Meerestieren als Kinderstube, Schutz und Vorratskammer. In manchen Anlagen werden außerdem Antibiotika und Schädlingsbekämpfungsmittel eingesetzt, die dann in Seen und Meere eindringen.

Zu den beliebtesten Speisefischen gehören Raubfische wie Lachs. Da Raubfische andere Fische fressen, werden sie in Aquakulturen oft mit Fischmehl aus wild gefangenem Fisch gefüttert. Viele dieser Futterfische hätten entweder direkt vor Ort von Menschen gegessen werden können oder wären am besten gleich in ihrem Ökosystem geblieben. In den letzten Jahren hat man versucht, das Problem des Futterfischs zu lösen, indem man Fischmehl durch Soja ersetzt hat. Aber Soja stammt meist aus Südamerika, wo Regenwald gerodet wird, um Platz für Felder zu machen. Außerdem wird Soja oft stark mit Pestiziden gespritzt. Es muss sich etwas verändern. Ohne nachhaltig produziertes Futter gibt es keinen nachhaltig produzierten Fisch.

Doch in der Aquakultur hat sich in letzter Zeit auch manches zum Positiven verändert. Norwegische Lachsfarmen, von denen viele unserer Lachsprodukte stammen, setzen weniger Antibiotika ein. Mehr Aquakulturen werden in Kreislaufsysteme an Land verlegt, und die Zucht von Arten mit weniger Auswirkungen auf die Umwelt – wie Muscheln, Austern, Algen und pflanzenfressende Fische – wird immer üblicher, sogar in Deutschland.

Auf der Jagd nach Protein

Besteht nicht die Gefahr, dass wir zu wenig Protein zu uns nehmen, wenn wir weniger Fleisch, Fisch, Käse und Joghurt essen? Kurz gesagt: nein. Für die meisten von uns ist die Sorge völlig unbegründet. Wenn man nur abwechslungsreich genug isst – was Sie wahrscheinlich ganz automatisch machen –, besteht keine Gefahr. Nur wenn man sich sehr, sehr einseitig ernährt oder sehr wenig isst, droht Proteinmangel.

Pflanzliche Proteine

Im Pflanzenreich gibt es viele Proteinquellen. Hülsenfrüchte wie Erbsen, Bohnen und Linsen stecken alle voller Protein. Das gilt auch für Brot, andere Getreideprodukte und Kerne. Die pflanzlichen Proteine sind bloß nicht so komplett wie die tierischen (komplett ist ein Protein, wenn es alle neun essenziellen Aminosäuren enthält), aber unterschiedliche pflanzliche Eiweiße ergeben zusammengenommen auch komplettes Protein.

Und was ist mit Soja? Soja enthält viel Protein. Aber wir haben beim Tierfutter bereits erwähnt, welche gigantischen Probleme der Anbau von Soja durch Waldrodung, Monokulturen und Gift mit sich bringt. Das meiste Soja wird außerdem für Futter angebaut und nur ein sehr kleiner Teil für Menschen, für beispielsweise Tofu, Sojamilch und Edamame (frische Sojabohnen). Deren Proteingehalt übertrifft oft den von Milchprodukten und tierischen Mischprodukten wie Wurst und Frikadellen. Das gilt auch für viele andere Hülsenfrüchte, aber die Sojabohne sticht schon heraus.

Regionale Hülsenfrüchte?

Viele Menschen würden sich also besser fühlen – und sie kämen auch viel billiger davon –, wenn sie eine Handvoll Sojabohnen verzehren würden, statt ihr Eiweiß beispielsweise aus tierischen Fertigprodukten oder Quark zu beziehen. Allerdings ist es schwierig, Soja hierzulande anzubauen, da es sehr spezielle Ansprüche an den Boden hat. Aber auch Hülsenfrüchte wie Bohnen und Erbsen wachsen in Deutschland nur auf 1,9 % der Anbaufläche. Es gibt also noch ein großes Potential die Produktion auszubauen.

Egal, ob Sie sich für importiertes Soja oder einheimische Bohnen entscheiden, wichtig ist, dass sie ökologisch hergestellt wurden. Bio und kleinbäuerlich sind hier die Schlagworte.

Vleisch & Co.

Mehrere neue Proteinquellen sind auf dem Weg in unsere Speisepläne – Lebensmittel, die auf Pilzproteinen basieren, auf Insekten und Fleisch aus dem Labor. Sind sie zukunftsweisend?

Bei der Suche nach Lösungen ist es wichtig, alle Aspekte zu beachten, keine alten Probleme beizubehalten oder neue zu schaffen. Es ist also nicht sinnvoll, nicht nachhaltig produziertes Fleisch durch hochverarbeitetes Industrieessen zu ersetzen, wenn dieses aus Rohwaren gemacht wird, die auf der anderen Erdhalbkugel mithilfe von Kunstdünger und Pestiziden angebaut werden. Wichtig ist, dass wir den Verbrauch von Fleisch, Fisch und Milchprodukten reduzieren und gleichzeitig auf ökologische, vegetarische und regionale Produkte zurückgreifen. Der Verzehr eines Erbsensteaks wird immer nachhaltiger sein als der Verzehr eines stark verarbeiteten Fleischersatzes.

Im Pflanzenreich gibt es viele Proteinquellen. Hülsenfrüchte wie Erbsen, Bohnen und Linsen stecken alle voller Protein.

Verbrauchen, was wir kaufen!

Ganze 30 % aller weltweit produzierten Lebensmittel werden weggeworfen. Zusammengenommen verursacht diese Lebensmittelverschwendung mehr Kohlendioxidausstoß als Flugzeuge und Frachtschiffe zusammen. Bis 2030 soll die globale Lebensmittelverschwendung halbiert werden. Das war eines der 17 nachhaltigen Ziele, die die UN im Jahr 2015 formuliert hat, und eines, bei dem wir als einzelne Konsumenten tatsächlich eine große Möglichkeit haben, etwas zu bewirken. Denn selbst wenn es in allen Teilen der Lebensmittelkette zu Verschwendung kommt – beim Produzenten, dem Großhändler, beim Transport, in Läden und Restaurants –, so werden die meisten Lebensmittel zu Hause weggeworfen. Von den 12 Millionen Tonnen Essen, die in Deutschland jedes Jahr weggeworfen werden, fällt rund die Hälfte zu Hause an. Auf die gesamte Lebensmittelkette gerechnet, beträgt die Verschwendung je nach Produkt zwischen 10 und 50 %.

Was werfen wir weg und wieso?

Was weggeworfen wird und wieso, hängt davon ab, welchen Teil der Lebensmittelkette wir betrachten.

In den Läden werden Obst und Gemüse oft weggeworfen, weil es nicht den optischen Normen entspricht, an die wir uns in den letzten Jahrzehnten gewöhnt haben. Es kann dabei um Schönheitsflecken oder Variationen in Größe oder Reife gehen. Außerdem geht es darum, wie verpackt wird – je größer die Packung, umso niedriger der Kilopreis, umso mehr Verschwendung. Eine dritte Ursache für die Lebensmittelverschwendung im Laden sind die Aufbewahrung und Präsentation. Kartoffeln halten beispielsweise länger, wenn sie ungewaschen sind, aber verkaufen sich besser, wenn sie schon beim Landwirt gewaschen werden. Und ein Grund für so viel weggeworfenes Brot ist das große Sortiment – je größer die Auswahl, umso mehr Verschwendung. Bei Milchprodukten haben uns die Mindesthaltbarkeitsdaten dazu gebracht, unsere Sinne nicht mehr zu benutzen. Ein Schluck saure Milch ist vielleicht nicht so lecker, aber nicht gesundheitsschädlich. Man kann saure Milch wunderbar anders verwenden, z. B. für Pfannkuchen.

Natürlich muss man trotzdem auf die angegebenen Daten achten. Im Gegensatz zum Mindesthaltbarkeitsdatum befindet sich das Verbrauchsdatum auf Produkten, die schädlich sein können, wenn man sie später konsumiert: Fleisch, Fisch und Meeresfrüchte. Diese Lebensmittel sind aber teurer, was wohl ein Grund dafür ist, dass sie seltener weggeworfen werden.

Wie können wir die Lebenmittelverschwendung zu Hause reduzieren?

KURZ GESAGT: Werfen Sie kein Essen weg – es sei denn, es ist verschimmelt oder hat seinen letzten Verbrauchstag überschritten.

Besser planen

Um die Lebensmittelverschwendung zu reduzieren, ist es wichtig, den Einkauf gut zu planen. Gehen Sie die nächste Woche durch und überlegen Sie, wie viele Sie sind und wie oft Sie essen müssen. Schreiben Sie darauf basierend eine Einkaufsliste und versuchen Sie sich daran zu halten. Auf diese Weise riskieren Sie nicht, dass Lebensmittel übrig bleiben, die nicht gegessen werden. Und lassen Sie sich nicht von den Angeboten verführen, drei zu kaufen und nur zwei zu bezahlen, wenn Sie die Dinge gar nicht oder nicht drei davon brauchen.

Lagern und verarbeiten

Es ist auch wichtig, wie man Lebensmittel lagert. Der Kühlschrank sollte ungefähr +4° C haben, damit sich die Lebensmittel so lange wie möglich halten. Aber viele Gemüsesorten bewahrt man am besten außerhalb des Kühlschranks auf, Tomaten beispielsweise (S. 228).

Schaffen Sie es trotzdem nicht, alles, was Sie gekauft haben, zu verbrauchen, dann frieren Sie es ein. Oder heben Sie die Lebensmittel auf das nächste Niveau und verarbeiten sie: Einlegen, fermentieren, zu Saft pressen, backen (Gemüse im Teig verleiht dem Backwerk neue Geschmacksdimensionen), einkochen. Denken Sie daran, alle Tüten und Behälter deutlich zu markieren!

Reste optimal nutzen

Reste zu verwerten, ist wohl die effektivste Art, um Lebensmittelverschwendung zu Hause einzudämmen. Heben Sie die einzelnen Bestandteile (eine Handvoll Reis, ein Stück Fleisch, übrig gebliebenes Gemüse, einen Rest Sauce) getrennt voneinander auf, denn alles zusammen wird schneller schlecht. Dadurch ist es auch möglich, die Reste für die nächste Mahlzeit neu zu kombinieren. Eine Mahlzeit aus verschiedenen Resten kann genauso abwechslungsreich, nahrhaft und sättigend sein wie jedes ordentlich geplante Gericht.

Aromatischer Höhepunkt

Bei den übrig gebliebenen Lebensmittel gibt es noch einen wichtigen Aspekt, nämlich das Aroma. Viele Waren erreichen genau dann ihren Geschmackshöhepunkt, wenn sie im Laden – oder auch zu Hause – aussortiert werden.

Tomaten und bestimmte Birnensorten schmecken beispielsweise am besten, wenn sie weich sind. Fleisch hat bis zum Verbrauchsdatum Zeit zum Reifen gehabt und schmeckt meist genau dann am besten (aber essen Sie es nicht einen Tag später).

Da ist noch mehr zu holen

Vieles von dem, was bei uns im Müll landet, ist noch absolut essbar. Natürlich nicht die Zwiebel- oder Bananenschalen, aber Wurzelgemüse muss man gar nicht schälen, sondern nur schrubben. Wenn Sie

Biogemüse kaufen, können Sie oft die Schalen mitessen oder mitverarbeiten. Denn tatsächlich befinden sich in der Schale besonders viele Nährstoffe und Aromen. Und mehr vom Gemüse hat man auch noch, wenn weniger im Müll landet.

Nicht nur Schalen sind verwertbar: Petersilienstiele beispielsweise haben mindestens so viel Geschmack wie die Blätter, Möhrengrün kann man in Salat oder Pesto einsetzen und aus »abgenagten« Maiskolben (in dem Fall die Maiskörner besser abschneiden statt nagen) kann man zusammen mit anderem Gemüse eine Brühe kochen.

Übriggebliebenes weggeben

Es trägt auch zu einer Art sozialer Nachhaltigkeit bei: einfach andere fragen, ob sie Interesse an übrig gebliebenem Essen haben. Die Portion Pasta, die man zu viel gekocht hat, das halbe Brot, das vor dem Urlaub nicht mehr wegkommt, der Käse, den man zu viel gekauft hat – so zeigt man, dass man an seine Mitmenschen denkt und gleichzeitig Respekt vor den Lebensmitteln und ihren Produzenten hat.

Eine Mahlzeit aus verschiedenen Resten kann genauso abwechslungsreich, nahrhaft und sättigend sein wie jedes ordentlich geplante Gericht.

Was kostet nachhaltiger Genuss?

Sie denken vielleicht, dass diese ganzen Umstellungen ziemlich teuer werden, sowohl für den Endverbraucher als auch für das Lebensmittelsystem als Ganzes. Aber selbst das hat seine Vorteile.

Wird das Essen jetzt teurer?

Fangen wir beim Endverbraucher an, aufs Geld zu schauen. Noch nie musste man einen so geringen Anteil seines Einkommen für Essen ausgeben wie heute. Wir schmeißen viele Lebensmittel weg, obwohl wir dafür bezahlt haben, und gleichzeitig meinen wir, wir könnten uns Bioprodukte nicht leisten. 40 % der Ausgaben für Lebensmittel entfallen auf Kuchen, Limonade und andere leere Kalorien. Und wir kaufen so viel Fleisch, dass es sowohl ein gesundheitliches als auch ein Umweltproblem ist. Wenn wir nun unseren Speisezettel ein bisschen umstellen - weniger Fleisch, Fertigprodukte und Süßigkeiten und mehr Gemüse und Bio -, merkt unser Geldbeutel das gar nicht. Und wenn wir dann auch noch alle Lebensmittel, die wir kaufen, tatsächlich essen, sparen wir sogar ordentlich.

Wenn die chemisch unterstützte Landwirtschaft tatsächlich zahlen müsste für die Gesundheitsschäden, Überdüngung, Verringerung der Artenvielfalt, Wasserverschmutzung etc., dann wüssten wir, was Essen wirklich kostet. Dann würden wir merken, dass diese Art von Lebensmitteln teuer ist. Sogar sehr teuer, obwohl wir sie für billig halten. Es ist bloß so, dass billige Sachen oft von jemand anderem teuer bezahlt werden. Im Fall der Lebensmittel sind das die Bauern, die Tiere und die Natur. Das muss man in die Berechnungen miteinbeziehen.

Ein lukratives Geschäft

Es gibt noch einen sehr positiven Aspekt. Und zwar, dass die Umstellung auf ökologische Produktion im Ganzen betrachtet profitabel ist. Ja, richtig gelesen, Biobauern machen auf lange Sicht höhere Profite als ihre konventionellen Kollegen, und in Europa schießt die Nachfrage nach Bioprodukten in die Höhe. Die EU-Kommission hat sogar das Ziel ausgegeben, dass bis 2030 ein Viertel aller landwirtschaftlichen Flächen innerhalb der EU biologisch bestellt werden sollen. Und ganz abgesehen davon, was sich im Moment am besten verkauft, so besteht kein Zweifel, dass die gesamte Landwirtschaft an das angepasst werden muss, was unsere Ökosysteme verkraften können. Hier hat der ökologische Landbau ganz klar die Nase vorn.

Über mehrere Generationen haben die Bauern und Fischer nun die undankbare Aufgabe gehabt, das Maximum an Lebensmitteln zum niedrigsten Preis zu produzieren. Es ist höchste Zeit, ihnen einen neuen und gerechteren Auftrag zu erteilen, bei dem gute Bedingungen und eine angemessene Entlohnung vertraglich festgeschrieben werden. Damit sie nicht nur gute und nahrhafte Lebensmittel produzieren können, sondern auch für all die anderen Dienste am Ökosystem bezahlt werden, die zu einer gesunden Natur und einem lebendigen Lebensraum führen. Zu einer Umwelt, in der Menschen gern leben und gut leben können. Dass immer mehr junge Landwirte und Landwirtinnen ökologisch arbeiten, gibt uns den Glauben an die Zukunft, den wir brauchen.

Kurz gesagt

Wir wissen, dass wir dabei helfen müssen, die Belastungen auf die Umwelt und das Klima zu reduzieren. Und dass es höchste Zeit dafür ist. Natürlich kann niemand alles tun, aber jeder Einzelne kann etwas tun. Vielleicht können Sie damit anfangen, etwas zu essen, das sowohl für Sie selbst als auch für den Planeten gut ist. Dann reduzieren Sie die Nahrungsmittel, die am problematischsten sind. Hier noch einmal kurz zusammengefasst, was auf den vorhergehenden Seiten steht:

ESSEN SIE VIEL BIOGEMÜSE, -HÜLSENFRÜCHTE UND -OBST. Das ist das Beste, was Sie fürs Klima und die Umwelt tun können. Vielleicht legen Sie fest, dass wenigstens eine Mahlzeit pro Tag vegetarisch ist?

ESSEN SIE WENIGER FLEISCH UND WÄHLEN SIE ES SORGFÄLTIG AUS. Und wenn Sie Fleisch essen, dann nehmen Sie ein kleineres Stück (und dafür mehr Hülsenfrüchte). Kaufen Sie regionales Biofleisch aus natürlicher Weidehaltung, am besten mit Biosiegel, oder Wild. Huhn und Schwein sollten Sie ganz weglassen.

REDUZIEREN SIE DEN VERBRAUCH VON MILCHPRODUKTEN – vor allem von Käse, der ein versteckter Klimakiller ist. Tauschen Sie Milch, Joghurt und Butter gegen pflanzenbasierte Bio-Alternativen aus.

ESSEN SIE WENIGER FISCH UND MEERESFRÜCHTE – und wenn, dann suchen Sie nach dem MSC-Siegel und vermeiden Fisch aus Schleppnetzfischerei. Der WWF bietet auch eine Fischratgeber-App an, mit der Sie sich durch den Supermarkt navigieren können.[3]

WERFEN SIE KEIN ESSEN WEG. Planen Sie Ihren Einkauf, riechen und schmecken Sie und vertrauen Sie mehr auf Ihre Sinne als auf das Haltbarkeitsdatum. Bereiten Sie aus den Resten neue Mahlzeiten zu.

[3] https://blog.wwf.de/fischratgeber-welchen-fisch-kann-man-noch-essen

Am allerwichtigsten: Kaufen Sie so viel wie möglich in Bioqualität

Durch Ihr Verhalten tragen Sie dazu bei, dass unsere Umwelt weniger geschädigt wird, dass weniger Landwirte durch Pflanzenschutzmittel krank werden, dass es Tieren besser geht, dass Kinder und Erwachsene weniger Chemikalien zu sich nehmen und dass wir einen ländlichen Raum mit mehr summenden Bienen, Vögeln und Blumen erhalten. Gleichzeitig unterstützen Sie die Entwicklung der Landwirtschaft hin zu mehr Nachhaltigkeit.

Hinkt ausgerechnet Ihr Stammgeschäft bei Bioprodukten hinterher? Fragen Sie nach mehr. Immer und immer wieder. Währenddessen machen die Naturschutzorganisationen Druck auf die Politiker und die gesamte Lebensmittelbranche. Je mehr Menschen in den Geschäften Bioprodukte kaufen, umso mehr Landwirte und Fischer trauen sich, umzustellen. Indem Sie regionale Biowaren kaufen, zeigen Sie, dass Sie diese Art von giftfreien Lebensmitteln essen und diese Art von Lebensmittelproduktion unterstützen möchten.

Alles hängt auf eine fantastische Weise miteinander zusammen – wenn wir bloß tun, was wir tun sollten, und das in der richtigen Reihenfolge und mit den gemeinsamen Erinnerungen frisch im Gedächtnis.

Die Rezepte in diesem Buch

Man kann darüber diskutieren, was der nachhaltigste Weg beim Essen ist. Wir haben versucht, die Hintergründe zu erläutern, und auf dieser Basis die Rezepte nach den folgenden Parametern erstellt (die Verteilung bezieht sich auf das Ganze – ein einzelnes Rezept kann prozentual abweichen): 55 % pflanzlich, 15 % Fleisch aus natürlicher Weidehaltung oder Wild, 20 % Milchprodukte, 5 % Fisch und Meeresfrüchte, 5 % Eier.

Rezepte

Alltags-
retter

Schnelle Rezepte
mit dem gewissen Etwas

Shakshuka mit Paprika, Zwiebeln und Wurzelgemüse

Diese Version macht satter als die klassische Shakshuka. Je mehr Gemüse man dazugibt, umso leckerer und üppiger wird die Konsistenz. Probieren Sie es mal mit dem aus, was sie gerade zu Hause haben. Das Einzige, das nicht ausgetauscht werden sollte, sind Tomaten und Gewürze. / **PAUL**

4 Portionen

75 g Buchweizen
1 große Zwiebel
2 Knoblauchzehen
2 grüne Paprikaschoten
2 Karotten
Olivenöl zum Anbraten
1 TL Koriandersamen
1 TL Paprikapulver (gern geräuchert)
½ TL gemahlener Kreuzkümmel
1 Msp. Chiliflocken
6 reife Tomaten oder gehackte Dosentomaten, ca. 400 g
4 Eier
1 Bund Minze
1 Bund Petersilie
Salz
frisch gemahlener schwarzer Pfeffer

Dazu

Pitabrot oder anderes Brot, alternativ Bulgur

1. Den Backofen auf 140 °C (Umluft) vorheizen.
2. Den Buchweizen auf einem Backblech 20–30 Minuten im Ofen rösten.
3. Die Zwiebel grob und den Knoblauch fein hacken. Die Paprika grob hacken und die Karotten in Scheiben schneiden. Etwas Olivenöl in einer Pfanne erhitzen und alles zusammen mit den Gewürzen ein paar Minuten anbraten.
4. Die Tomaten in große Stücke schneiden und in die Pfanne rühren. Die Mischung köcheln lassen, bis sie cremig wird, das dauert 15–30 Minuten. Vier kleine Kuhlen in den Eintopf drücken und in jede je ein Ei schlagen. Zugedeckt köcheln lassen, bis das Eiweiß fest ist und das Eigelb cremig (5–10 Minuten).
5. Die Kräuter hacken und mit dem Buchweizen über die Shakshuka streuen. Mit Brot oder Bulgur servieren.

Europäisches Bibimbap

Heimische Zutaten mit anderen Esskulturen zu mischen, macht viel Spaß und ist lecker. Bibimbap ist ein koreanisches Gericht aus Reis und Gemüse. Das Aroma basiert auf einer klassischen koreanischen Chilipaste: Gochujang. / **PAUL**

4 Portionen

Reis

170 g Haferreis
2 EL Apfelessig
½ EL Zucker
½ TL Salz
Öl zum Anbraten
2 Eier

Sprossen

100 g Mungobohnensprossen
50 ml Srirachasauce (scharfe Chilisauce)
japanische Sojasauce nach Geschmack

Zwiebel und Gurke

1 rote Zwiebel
1 EL frischer Ingwer, in Würfeln
100 ml Essigessenz (12 %)
80 g Zucker
½ Gurke

Pilze und Pak Choi

250 g Austernpilze
500 ml Umamibrühe
kalt gepresstes Rapsöl zum Anbraten
2–3 EL Gochujang
ca. 200 g Pak Choi
frischer Koriander zum Garnieren

1. Den Haferreis nach Packungsangabe kochen, aber etwas kürzer, damit er noch Biss hat. Abgießen und Essig, Zucker und Salz unter den Reis mischen. Beiseitestellen.
2. Sprossen und Srirachasauce mischen, mit Sojasauce abschmecken.
3. Die rote Zwiebel in dünne Scheiben schneiden und in eine Schüssel legen. Ingwer mit Essigessenz, Zucker und 300 ml Wasser in einen kleinen Topf geben. Aufkochen und die Hälfte über die Zwiebel gießen, die andere Hälfte abkühlen lassen. Die Gurken in eine Schüssel hobeln und den abgekühlten Sud darübergießen.
4. Die Pilze in lange Streifen schneiden und in eine Pfanne geben. Die Brühe dazugießen und köcheln lassen, bis sie verkocht ist. Rapsöl hinzufügen und die Pilze goldbraun braten. Am Ende Gochujang einrühren.
5. Etwas Öl in einer Pfanne erhitzen und die Pak-Choi-Blätter 1 Minute anbraten.
6. Etwas Öl in einer breiten Pfanne erhitzen und den Reis erwärmen. Die Eier dazugeben und rühren, bis sie eine cremige Konsistenz haben.
7. Den Reis auf vier Schalen verteilen und Sprossen, Pilze, Pickles und Pak Choi dazugeben. Koriander daraufstreuen und servieren.

Thailändischer Hackeintopf

Pad krapow

Wir alle brauchen ein paar Alltagsrezepte, die wir schnell und einfach zubereiten können, wenn die Zeit knapp ist. Dieser thailändische Klassiker bietet viel Geschmack und dauert höchstens 15 Minuten. Variieren Sie das Gemüse frei nach Geschmack und Saison. Verwenden Sie frisches oder TK-Gemüse, und wenn Sie möchten, können Sie weniger Hackfleisch und mehr Gemüse nehmen. / **ZEINA**

4 Portionen

1 weiße oder rote Zwiebel
1 rote Paprikaschote
2 Knoblauchzehen
1 Bund Thaibasilikum oder normales Basilikum
Öl zum Anbraten
ca. 400 g Rinderhack
1 Frühlingszwiebel, in Streifen, zum Garnieren

Sauce

50 ml japanische Sojasauce
1 EL Honig
1–2 TL Chilipaste (z. B. Sambal Oelek, kann durch fein gehackte frische oder getrocknete Chili ersetzt werden)

Dazu

gekochte Weizenkörner

1. Mit der Sojasauce beginnen. Alle Zutaten vermischen und beiseitestellen.
2. Zwiebel und Paprika in Streifen schneiden. Knoblauch fein und Basilikum grob hacken.
3. Das Öl in einer Pfanne erhitzen und Hackfleisch und Knoblauch anbraten. Das Hack unter Rühren krümelig braten, bis es Farbe angenommen hat. Paprika und Zwiebel dazugeben und ein paar Minuten mitbraten.
4. Die Sauce angießen und alles eine 1 Minute braten. Das Basilikum einrühren, von der Hitze nehmen und nach Belieben mit Frühlingszwiebeln garnieren. Zum Beispiel mit Weizenkörnern servieren.

Indischer Linseneintopf

Saag paneer

Halloumi ist die europäische Alternative zum indischen Grillkäse Paneer, der traditionell in dieses Gericht gehört. Und wissen Sie was? Hier bei uns wird viel Grillkäse produziert. Nehmen Sie gern den. / **PAUL**

4–5 Portionen

1 Zwiebel
1 Knoblauchzehe
4 cm frischer Ingwer
1 rote Chilischote
Olivenöl zum Anbraten
180 g getrocknete Linsen, z. B. schwäbische Alblinsen
2 TL Garam Masala (Gewürzmischung)
300 ml Gemüsebrühe
2 Packungen Kokosmilch (à ca. 400 g)
200 g Grillkäse
4 Tomaten
500 g frischer Blattspinat
frischer Koriander und Petersilie zum Garnieren
Salz
frisch gemahlener schwarzer Pfeffer

Dazu

Brot

1. Zwiebel, Knoblauch und Ingwer schälen und fein hacken. Die Chili halbieren, entkernen und fein hacken. Viel Olivenöl in einem Topf erhitzen und alles zusammen ein paar Minuten anbraten.
2. Die Linsen, Garam Masala sowie Brühe dazugeben und ein paar Minuten köcheln lassen. Die Kokosmilch hinzufügen und zugedeckt köcheln lassen, bis die Linsen weich sind, das dauert 10–15 Minuten. Mit Salz und Pfeffer abschmecken.
3. Den Grillkäse in der heißen Pfanne mit Öl anbraten, bis beide Seiten ordentlich Farbe bekommen haben. Salzen und pfeffern.
4. Die Tomaten in große Würfel schneiden und zusammen mit dem Spinat unterrühren. Den Grillkäse in Scheiben schneiden und mit Koriander und Petersilie auf den Eintopf legen. Mit Brot servieren.

Beinahe-Falafel

Falafel in 10 Minuten? Geht das? Na ja, fast! Wenn Sie ein bisschen schummeln, die Kichererbsen in der Pfanne anbraten und mit den klassischen Falafelgewürzen abschmecken, haben Sie auf jeden Fall ein Beinahe-Falafel. Wenn Sie möchten, können Sie es auch mit Taco-gewürzen würzen, dann ist es ein Beinahe-Taco. Mit Pitabrot und einer guten Sauce servieren und genießen! / **ZEINA**

4 Portionen

2 Gläser Kichererbsen (à ca. 400 g)
Rapsöl zum Anbraten
1 TL gemahlener Kreuzkümmel
1 TL Cayennepfeffer oder Paprikapulver
½ TL Sieben-Gewürze-Pulver (Gewürzmischung, S. 146)
2 Msp. getrockneter Koriander
Salz
schwarzer Pfeffer

Dazu

Pitabrot
Essiggurke
Tahinisauce (S. 136)
Gemüse nach Wahl, z. B. Tomate, Kopfsalat, Gurke, Zwiebel, Zitrone

1. Die Kichererbsen in einem Sieb abtropfen lassen.
2. Das Öl in einer Pfanne erhitzen und die Kichererbsen zusammen mit den restlichen Zutaten hineingeben. Bei mittlerer Hitze unter Rühren ungefähr 5 Minuten braten. Mit Beilagen nach Wahl servieren.

Hot Pot express mit Pekingeiern

Dieses Gericht ist super – meine Familie liebt Nudeln und Ramen. Außerdem kann man es ungefähr wie einen Taco servieren: Kleine Schälchen mit verschiedenem Gemüse und Nudeln, dann nimmt man sich, was man mag, und legt es in heiße Brühe. / **PAUL**

4 Portionen

1 Packung Glasnudeln (ca. 250 g)
1 Stange Lauch
1 Brokkoli
1½ Liter Umamibrühe
1 EL geriebener frischer Ingwer
½ Kopf Rotkohl
Öl zum Anbraten
in Streifen geschnittene rote Chili und Sesam zum Garnieren

Pekingeier

4 weich gekochte Eier (8 Minuten, in kochendes Wasser gelegt)
1 EL Essigessenz (12 %)
1 EL japanische Sojasauce
1 EL Zucker

1. Mit den Pekingeiern beginnen. Die Eier schälen und in eine kleine Schale legen. 2 EL Wasser, Essigessenz, Sojasauce und Zucker aufkochen und über die Eier gießen, sodass sie bedeckt sind, marinieren lassen.
2. Die Nudeln nach Packungsangabe kochen. Abgießen und kaltes Wasser darüberlaufen lassen, bis sie kalt sind.
3. Den Lauch in Streifen schneiden. Den Brokkoli in kleine Röschen teilen und den Strunk in dünne Scheiben. Die Brühe mit Lauch und Ingwer aufkochen. Den Brokkoli dazugeben und köcheln, bis er weich ist, aber noch Biss hat. Die Brühe mit der Marinade der Eier abschmecken.
4. Den Rotkohl in dünne Streifen schneiden und schnell mit etwas Öl in einer Pfanne anbraten.
5. Nudeln und Rotkohl in tiefe Schalen geben. Die halbierten Eier darauflegen und die kochend heiße Brühe darübergießen. Nach Belieben mit Chili und Sesam garnieren.

Schottische Lauchsuppe

Cock-a-leekie

Eine Handvoll Haferflocken verleiht der Suppe eine cremige Konsistenz, leckeren Geschmack und macht sie sättigender. Kaufen Sie in der Saison ruhig viele Lauchstangen, schneiden Sie sie in Scheiben und frieren sie ein. Wenn Sie dann an einem Winterabend Lust auf eine wärmende Suppe haben, holen Sie sie heraus. / **ZEINA**

4 Portionen

2 Stangen Lauch
2 Karotten
350 g Kartoffeln (ca. 3 Stk.)
Rapsöl zum Anbraten
1½ l Gemüsebrühe
6 Körner schwarzer Pfeffer
2 Lorbeerblätter
3 EL Haferflocken
Salz

Dazu

Brot

1. Lauch und Karotten in Scheiben, Kartoffeln in Stücke schneiden.
2. Das Öl in einem Topf erhitzen und Lauch und Karotten unter Rühren ein paar Minuten anbraten, oder bis sie etwas Farbe bekommen haben. Die Kartoffeln dazugeben und kurz weiterbraten.
3. Brühe, Pfeffer und Lorbeerblätter dazugeben. Aufkochen und bedeckt 15 Minuten köcheln lassen.
4. Die Haferflocken unterrühren und weitere 5 Minuten köcheln lassen. Mit Salz abschmecken und mit einem guten Brot servieren.

CAIRN

Schneller Gemüsewok

Ein simpler Trick, um kein Gemüse mehr wegzuwerfen: Stellen Sie eine große Box in Ihren Kühlschrank, in die Sie geschnittenes und eventuell geschältes, reifes Gemüse oder übrig gebliebene Stückchen legen. Die nehmen Sie dann und schmeißen Sie in eine heiße Pfanne mit etwas Hoisinsauce. Schon ist das Essen fertig und die Box leer! / **PAUL**

4 Portionen

1 Stück Knollensellerie
2 Karotten
½ Kürbis, z. B. Butternut
1 Pak Choi
¼ Kopf Rotkohl
1 Handvoll Shiitake-Pilze
Öl zum Anbraten
4–6 EL Hoisinsauce
½ Gurke
50 g gehackte Nüsse nach Wahl (was auch immer Sie zu Hause haben)
1 Bund Koriander

Dazu

gekochter Haferreis oder Nudeln

1. Knollensellerie, Karotten und Kürbis schälen und in Streifen schneiden. Pak Choi und Rotkohl auch in Streifen schneiden, die Pilze in Stücke.
2. Das Wurzelgemüse, den Kohl und die Pilze kurz getrennt voneinander in einer Pfanne in heißem Öl anbraten, bis sie Farbe bekommen haben. Am Ende des Bratens jeweils ungefähr 1 EL Hoisinsauce dazugeben.
3. Das warme Gemüse und die Pilze mischen. Die Gurke fein schneiden und zusammen mit den Nüssen und den Korianderblättern darüberstreuen. Mit Haferreis oder Nudeln servieren.

Vietnamesische Sommerrollen

Diese Rollen, gefüllt mit frischen Kräutern und Nudeln, gehören zum Leckersten, was es gibt (wenn Sie mich fragen.) Es kann jeder seine Rolle selbst füllen, oder Sie bereiten die Rollen vor, wickeln sie gut in Folie ein und heben sie im Kühlschrank auf. Nehmen Sie Gemüse nach Geschmack und Saison, geben Sie etwas Proteinhaltiges dazu und variieren Sie die Dips. Hier habe ich es super einfach belassen, damit Sie die Rollen mal im Alltag ausprobieren können. Machen Sie das Papier nicht zu voll, sonst kann man es nur noch schwer rollen. / **ZEINA**

4 Portionen

150 g Glasnudeln
2 Karotten
1 Gurke
1 rote Paprikaschote
2 Frühlingszwiebeln
1 Stück Rotkohl
1 Rote Bete (für eine hübsche Optik die rot-weiß geringelte Tonda di Chioggia)
1 Bund Thaibasilikum
2–3 Zweige frische Pfefferminze
1 Packung großes Reispapier (ca. 32 Stk)

Dip

1 rote Chili, fein gehackt
etwas rote Zwiebel, fein gehackt
1 Knoblauchzehe, gepresst
Saft von 2 Limetten
ca. 50 ml japanische Sojasauce
2 TL Fischsauce
2 TL Sesamöl
1 EL Rohrzucker oder Honig
1 kleines Bund Koriander, fein gehackt

1. Alle Zutaten für den Dip zusammenrühren.
2. Wasser in einem Topf aufkochen, die Nudeln hineingeben, den Topf vom Herd ziehen und 5 Minuten stehen lassen. Die Nudeln in ein Sieb schütten und mit kaltem Wasser abschrecken. Sollten die Nudeln sehr lang sein, kann man sie mit einer Schere durchschneiden. Gut abtropfen lassen.
3. Karotten, Gurke, Paprika, Frühlingszwiebeln und Kohl in Streifen schneiden und die Bete dünn hobeln. Die Kräuter waschen. Bis hierhin kann man alles lange vor der Mahlzeit vorbereiten. In diesem Fall die Zutaten gut abdecken.
4. Nun wird gerollt. Dabei ein feuchtes Geschirrtuch oder Backpapier als Unterlage verwenden, damit die Rollen nicht zusammenkleben. Das Reispapier ein paar Sekunden in kaltes Wasser legen. Es ist dann noch etwas hart, aber wird schnell weich.
5. Das Reispapier auf das Geschirrtuch legen und nach Geschmack mit Nudeln, Gemüse und Kräutern füllen. Ein kleines bisschen aufwickeln, dann die äußeren Kanten über die Füllung klappen und dann fertig aufwickeln. Die Rollen mit Abstand auf eine Platte legen, sonst kleben sie zusammen. Dazu den Dip reichen.

Sobanudelsalat

Ein einfacher Nudelsalat, den man mit verschiedenem Gemüse variieren kann. In Nullkommanichts fertig und perfekt für die Lunchdose oder den Picknickkorb. Sobanudeln sind dünne, japanische Nudeln aus Buchweizen. Sie schmecken kalt am besten. / **ZEINA**

4 Portionen

300 g Sobanudeln
200 g Erbsen (TK)
1 kleines Stück Rotkohl
2 Karotten
2 Frühlingszwiebeln
oder 1 rote Zwiebel
1 Bund Koriander (oder andere
frische Kräuter)
Saft von 2 Limetten
1 EL japanische Sojasauce
1 TL Sesamöl
2 EL gerösteter Sesam

1. Die Sobanudeln nach Packungsangabe kochen. Abgießen, mit kaltem Wasser abschrecken und gut abtropfen lassen.
2. Die Erbsen kochen und abgießen. Kohl und Karotten in Scheiben schneiden, Zwiebel und Koriander in Streifen.
3. Alles zusammen mit den Nudeln in eine große Schüssel geben. Limettensaft, Sojasauce und Sesamöl darübergießen, Sesam daraufstreuen und servieren.

»Bohnotto« mit Weißkohl

In diesem Risotto wird der Reis durch Bohnen ersetzt. Käse ist ein toller Geschmacksträger, aber auch ein Produkt, das wir sehr sorgfältig benutzen sollten. Hier kann jeder Hartkäse verwendet werden – gern heimisch, gern bio. / **PAUL**

4 Portionen

¼ Kopf Weißkohl
1 Zwiebel
2 EL Olivenöl
200 g getrocknete weiße Bohnen, über Nacht eingelegt
200 ml Weißwein
1,2 l Gemüsebrühe
100 g Schlag- oder Hafersahne
40 g geriebener Hartkäse oder veganer Käse
frische Thymianblätter, gehackt, nach Belieben (z. B. Zitronenthymian)
Salz

Dazu

geröstetes Brot
grüner Salat mit säuerlichem Dressing

1. Den Weißkohl in recht große Stücke schneiden. Leicht gesalzenes Wasser aufkochen, den Kohl hineingeben und 2 Minuten kochen lassen. In ein Sieb schütten und ordentlich mit kaltem Wasser abschrecken.
2. Die Zwiebel fein hacken. Olivenöl in einem Topf erhitzen und die Zwiebel bei geschlossenem Deckel weich braten. Die Bohnen abgießen und zusammen mit dem Wein dazugeben. Ein paar Minuten kochen lassen, dann die Brühe unterrühren.
3. Zugedeckt köcheln lassen, bis die Bohnen weich sind und nur noch wenig Brühe übrig ist (falls die Bohnen länger brauchen, eventuell etwas Wasser zugeben).
4. Sahne und Käse dazugeben und ein paar Minuten köcheln lassen. Weißkohl und Thymian hinzufügen und direkt mit geröstetem Brot und einem knackigen Salat servieren.

Zucchini »negimaki« mit Spargel und Trüffel

Negimaki sind ursprünglich dünne Scheiben Thunfisch oder Fleisch, die um Gemüse gewickelt werden. Meine Interpretation sind dünne Scheiben Gemüse, die um Gemüse gewickelt werden – hübscher, leckerer und nachhaltiger. Einfach ein Muss beim Grillen! / **PAUL**

4 Portionen

2 rote Zwiebeln
10 Champignons
kalt gepresstes Rapsöl zum Anbraten
ca. 1 TL Trüffelöl
8 Stangen grüner Spargel und/ oder Frühlingszwiebeln
2 Zucchini
3 Zweige Zitronenthymian oder normaler Thymian plus geriebene Zitronenschale
50 ml Olivenöl
Salz
frisch gemahlener schwarzer Pfeffer

Dazu

Rohkost der Saison
Hülsenfruchtaufstrich (mischen Sie z. B. gekochte weiße Bohnen mit etwas Knoblauch, Olivenöl, Salz und frisch gepresstem Zitronensaft)
Haferreis, gekocht wie Sushireis (S. 60)

1. Die Zwiebeln fein hacken und die Pilze grob reiben. Etwas Öl in einer Pfanne erhitzen und die Zwiebeln ein paar Minuten anbraten. Die Pilze dazugeben und zugedeckt braten, bis sie weich sind. Mit Trüffelöl, Salz und Pfeffer abschmecken.
2. Leicht gesalzenes Wasser aufkochen und den Spargel bzw. die Frühlingszwiebeln darin 1 Minute blanchieren. Mit kaltem Wasser abschrecken.
3. Die Zucchini der Länge nach auf einer Mandoline oder mit einem Sparschäler in dünne Scheiben hobeln. Je vier Scheiben nebeneinander legen und leicht salzen. Etwas stehen lassen, damit sie Wasser ziehen.
4. Die Zucchinischeiben mit Küchenpapier abtupfen und die Pilzmischung darauf verteilen. Den Spargel in die Mitte legen, Thymian daraufstreuen und zu einer Rolle aufwickeln.
5. Schnell in etwas Olivenöl auf beiden Seiten anbraten. Salzen und pfeffern. Mit saisonaler Rohkost servieren und einen würzigen Hülsenfruchtaufstrich dazu reichen. Auch Sushireis aus Haferreis passt gut dazu.

Ägyptischer Kidneybohneneintopf

Ful Medames

Ein Klassiker aus Ägypten. Ful ist einer meiner Lieblinge und perfekt zum Mittagessen (und Brunch). Der Eintopf ist schnell zusammengerührt und macht satt. Mit Brot und Essiggurke servieren und genießen! / **ZEINA**

4 Portionen

- 4 Knoblauchzehen
- 1-2 frische rote Chili (Schärfegrad nach Belieben)
- 5-6 frische Tomaten oder 400 g gehackte Tomaten
- 2 Gläser Kidneybohnen (à 400 g)
- Olivenöl zum Anbraten und zum Beträufeln
- ca. 1½ TL gemahlener Kreuzkümmel
- 1-2 TL Chilipulver oder 2 TL Paprikapulver
- Salz
- Pfeffer
- Petersilie zum Garnieren

Dazu

- Brot
- Essiggurke

1. Knoblauch und Chili fein hacken. Die Tomaten würfeln.
2. Die Bohnen mit kaltem Wasser abspülen und abtropfen lassen.
3. Das Olivenöl erhitzen und Knoblauch und Chili ein paar Minuten anbraten (den Knoblauch nicht verbrennen lassen). Die Tomatenwürfel unterrühren und anbraten, bis sie weich werden, das dauert ungefähr 5 Minuten.
4. Bohnen, Kreuzkümmel, Chilipulver, Salz und Pfeffer dazugeben. Ungefähr 15 Minuten zugedeckt köcheln lassen, dabei regelmäßig umrühren. Dann einen Teil der Bohnen mit einem Löffel oder einem Kartoffelstampfer zerdrücken. Nicht alle Bohnen zerdrücken, ein paar sollen ganz bleiben.
5. In eine Schale füllen, Petersilie und etwas Olivenöl darübergeben und servieren, beispielsweise mit Brot und Essiggurke.

Buchweizen-Galette mit Spitzkohl und Estragon

Französische Galette macht man in der Bretagne traditionell aus Buchweizenmehl. Ich finde sie ohne Eier leckerer, und dadurch kann dieses Rezept vegan sein, je nachdem, welchen Käse und welches Fett man wählt. / **PAUL**

4 Portionen

150 g Kichererbsenmehl oder Buchweizenmehl
100 ml Hafermilch
50 g geschmolzene Margarine oder Butter plus etwas mehr zum Braten
1 Prise Meersalz

Füllung

1 Spitzkohl
1 rote Zwiebel
1 Bund Estragon
Olivenöl zum Braten plus etwas mehr zum Begießen
150 g pflanzliche Crème fraîche
50 g geriebener Comté oder Gruyère plus etwas mehr zum Bestreuen, alternativ veganer Käse
geriebene Zitronenschale
Salz
frisch gemahlener schwarzer Pfeffer

1. Kichererbsenmehl, 350 ml Wasser und Hafermilch verrühren. Geschmolzene Margarine und Salz dazugeben und den Teig ungefähr 30 Minuten quellen lassen.
2. Den Spitzkohl in ca. 1 cm dicke Scheiben schneiden. Die rote Zwiebel in Streifen schneiden. Den Estragon grob hacken.
3. Etwas Öl in einer Pfanne erhitzen und den Kohl auf einer Seite anbraten, bis er Farbe annimmt und weich wird. Salzen. Die Zwiebel dazugeben und unter Rühren anbraten, bis sie weich wird.
4. Crème fraîche und Käse miteinander verrühren. Mit Salz und Pfeffer abschmecken.
5. Den Backofen auf 200 °C vorheizen. Margarine in einer Pfanne erhitzen. Etwas Teig hineingeben und ungefähr 30 Sekunden backen oder bis die Unterseite eine schöne Farbe angenommen hat und die Oberseite trocken wird. Nicht wenden! Auf diese Art den restlichen Teig nach und nach verarbeiten.
6. Die Käsecreme auf die Galette streichen, die Kohlmischung und Estragon in die Mitte geben und die Seiten hochklappen, sodass ein Päckchen entsteht. Mit den restlichen Galette genauso verfahren.
7. Die Päckchen in eine Backofenform legen und ein paar Minuten im Ofen erwärmen. Olivenöl darübergießen und mit geriebenem Käse, Estragon sowie Zitronenschale bestreuen.

Pilzstroganoff

Alle mögen Stroganoff. Ersetzen Sie das Fleisch doch mal mit Pilzen.
Super lecker! / **ZEINA**

4 Portionen

1 Zwiebel
500 g Pilze, z. B. Champignons
Rapsöl zum Anbraten
3 EL Tomatenmark
1 EL Weizenmehl
1 EL Worcestershiresauce (optional)
2 TL Dijonsenf
1 TL Salz
2 Msp. schwarzer Pfeffer
300 g Crème fraîche, gern pflanzlich
fein gehackte frische Petersilie zum Darüberstreuen

Dazu

gekochte Weizenkörner
Essiggurke

1. Die Zwiebel fein hacken und die Champignons in Scheiben schneiden. Das Öl in einer Pfanne erhitzen und die Zwiebel glasig braten. Die Champignons dazugeben und braten, bis sie etwas Farbe bekommen haben und die meiste Feuchtigkeit verkocht ist.
2. Das Tomatenmark daruntermischen und 30 Sekunden anbraten. Das Mehl unterrühren und noch etwas mitbraten. Dann die restlichen Zutaten außer Crème fraîche und Petersilie hinzufügen und die Mischung ungefähr 10 Minuten köcheln lassen.
3. Die Crème fraîche unterrühren und alles mit Salz und Pfeffer abschmecken. Den Eintopf ohne Deckel ungefähr 5 Minuten köcheln lassen. Mit Petersilie garnieren und mit Weizenkörnern und Essiggurke servieren.

Wraps mit geräuchertem Wels und Remoulade

Aquakultur an Land ist nicht nur gut, weil das Meer ruhen kann, es entstehen dort auch geschmacklich sehr gute Lebensmittel. Daher habe ich für dieses Rezept einen geräucherten Wels gewählt, aber es funktioniert auch mit einem anderen geräucherten, nachhaltigen Fisch oder alternativ mit Tofu. / **PAUL**

4 Portionen

1 geräucherter Wels oder geräucherter Tofu, ca. 200 g
16–20 kleine neue Kartoffeln, gekocht und kalt geworden
1 großer Apfel
4 Radieschen
1 Fenchel
4 Tortillawraps
1 Stückchen Meerrettich
1 Bund Dill, gezupft

Remoulade

75 g Mixed Pickles
100 ml Kichererbsensud
1 EL Dijonsenf
1 EL scharfes Curry
1 EL Essig
200–300 ml Rapsöl
Salz

1. Zuerst wird die Remoulade zubereitet: Die Mixed Pickles klein hacken. Den Kichererbsensud, Senf, Curry und Essig in einem Messbecher vermischen. Mit einem Stabmixer pürieren und gleichzeitig das Öl in einem dünnen Strahl dazugeben, bis aus der Mischung Mayonnaise wird. 200 g der Mayonnaise mit den Mixed Pickles mischen und mit Salz abschmecken.
2. Den Fisch in kleine Stücke schneiden. Kartoffeln, Apfel, Radieschen und Fenchel in dünne Scheiben schneiden. Die Remoulade auf die Wraps streichen und Fisch, Kartoffeln, Apfel, Radieschen und Fenchel darauf verteilen. Meerrettich darüberreiben und mit Dill bestreuen.
3. Die Wraps rollen und etwas platt drücken oder falten.
4. Eine Pfanne ohne Fett heiß werden lassen. Die Wraps darin kurz auf beiden Seiten braten, damit sie eine hübsche Farbe bekommen. In eine Serviette wickeln oder legen, reinbeißen und genießen.

Mac and Cheese im Bhutan-Stil

Ema datshi

Mögen Sie Chili? Ich liebe Chili, und eines Tages werde ich meine eigenen Chilischoten anbauen. (Es ist toll, mit den Kindern zusammen zu gärtnern und zu sehen, wie aus dem kleinen Samen eine Pflanze wird, die man essen kann. Meine Kinder haben ihre eigenen Tomaten angebaut, und wie groß war der Respekt, als sie die erste Frucht pflücken konnten! Die Pflanzen wurden liebevoll gepflegt und gegossen.) Auf der Suche nach leckeren Rezepten aus aller Welt stieß ich in Bhutan auf dieses interessante Gericht. Ich habe es etwas abgewandelt und Makkaroni hinzugefügt. Und schon hatte ich ein leckeres Mac and Cheese Bhutan Style. / **ZEINA**

4 Portionen

350 g Makkaroni
1 rote Paprikaschote
2–3 grüne Chilischoten
1 rote Zwiebel
1 Tomate
200 g Crème fraîche, gern pflanzlich
1½ TL Salz
100 g geriebener Käse

1. Den Backofen auf 200 °C (Ober-/Unterhitze) vorheizen.
2. Makkaroni nach Packungsangabe kochen, aber etwas kürzer, damit sie noch Biss haben. Abgießen, dabei 100 ml vom Kochwasser auffangen. Die Makkaroni in eine ofenfeste Form geben und dieses Kochwasser darübergießen.
3. Paprika, Chili, rote Zwiebel und Tomate in Streifen schneiden. Zusammen mit Crème fraîche und Salz auf die Nudeln geben und durchmischen. Mit geriebenem Käse bestreuen. Ungefähr 10 Minuten, oder bis die Oberfläche eine schöne Farbe hat, im Ofen überbacken.

Bulgarische Bohnensuppe

Bob chorba

Hinter dem Namen steckt kein Koch namens Bob, »bob chorba« bedeutet einfach nur Bohnensuppe auf Bulgarisch. Nehmen Sie weiße Bohnen oder Ihre Lieblingsbohnen. Die Tomaten kann man auch weglassen und das Gemüse nach Saison variieren. Aber die Minze ist in dieser Suppe das i-Tüpfelchen! / **ZEINA**

4 Portionen

1 Zwiebel
2 Karotten
2 Tomaten
2 rote Paprikaschoten
Öl zum Anbraten
1 EL Paprikapulver
2 TL Salz
½ TL schwarzer Pfeffer
1 Glas weiße Bohnen, abgetropft (ca. 400 g)
2 TL getrocknete Minze
1 EL fein gehackte frische Petersilie

Dazu

Brot

1. Die Zwiebel fein hacken. Karotten, Tomaten und Paprika in Würfel schneiden.
2. Öl in einem Topf erhitzen und die Zwiebel glasig braten. Karotten und Paprika dazugeben und 3–4 Minuten anbraten. Tomaten und Paprikapulver hinzufügen und noch ein paar Minuten mitbraten.
3. 800 ml heißes Wasser dazugeben. Salzen und pfeffern. 5 Minuten kochen lassen. Die Bohnen hineingeben und zugedeckt 15 Minuten köcheln lassen.
4. Minze und Petersilie in die Suppe geben und noch 2 Minuten köcheln lassen. Mit Brot servieren.

Perfekt kombiniert

Gerichte aus der Vorratskammer

Tortellini in brodo

Kochen Sie eine richtig gute Brühe und frieren Sie sie ein (trauen Sie sich ruhig, altes, schrumpeliges Gemüse zu benutzen). Tauen Sie sie dann auf und kochen Sie eine richtig leckere Suppe. Wenn Sie keine Zeit haben, können Sie mit fertiger Brühe »schummeln«. / **ZEINA**

4 Portionen

Brühe

3 Stangen Staudensellerie
2 Karotten
1 Zwiebel
3 Knoblauchzehen
Öl zum Anbraten
ca. 50 g getrocknete Pilze (suchen Sie sich eine Sorte aus oder mischen Sie mehrere, ich habe Shiitake-Pilze genommen)
2 Lorbeerblätter
10 Körner schwarzer Pfeffer
1 Handvoll Petersilie mit Stielen
2 TL Salz

Dazu

500 g frische Tortellini (Füllung nach Belieben)
etwas Zitronenschale und -saft
kalt gepresstes Rapsöl

1. Sellerie, Karotten, Zwiebel und Knoblauch grob hacken. In einem großen Topf Öl erhitzen und das Gemüse bei großer Hitze unter Rühren anbraten, bis es etwas Farbe bekommen hat, das dauert ein paar Minuten.
2. Die restlichen Zutaten und 2½ l heißes Wasser hinzugeben und aufkochen. Mit Deckel 1½ Stunden köcheln lassen, dann die Brühe abseihen.
3. Die Tortellini in ungefähr 1 l Brühe kochen. In Teller geben und etwas Zitronenschale über die Pasta reiben, außerdem etwas Zitronensaft darüber auspressen. Mit etwas kalt gepresstem Rapsöl beträufeln und servieren. Die übrig gebliebene Brühe kann man einfrieren.

Spaghetti arrabiata mit »Unkraut«

Tomatensauce ist vielleicht die beste Basis, die es gibt. Sie kann so viel verbessern – Dressings, Eintöpfe, Omelettes und noch mehr. Tipp: Frieren Sie sie in Eiswürfelformen ein, so haben Sie immer eine passende Portion.

Jeder weiß, wie Basilikum schmeckt, aber bei »Unkraut« wissen wir nur, wie es duftet, wenn man es mit dem Rasenmäher abschneidet. Finden Sie heraus, was in ihrer Nähe wächst, und verleihen Sie dem beliebten italienischen Klassiker eine im doppelten Sinne grüne Note. / **PAUL**

4 Portionen

- 50 ml Olivenöl plus etwas mehr zum Beträufeln
- 1 Knoblauchzehe
- 1 TL Chiliflocken
- 2 Dosen gehackte Tomaten (à ca. 400 g)
- ca. 400 g Spaghetti
- 100 g »Unkraut« und Kräuter (z. B. Bärlauch, Knoblauchsrauke, Löwenzahn und Süßdolde)
- 4 frische Tomaten
- Meersalz
- frisch gemahlener schwarzer Pfeffer

1. In einer großen Bratpfanne das Öl erhitzen. Die Knoblauchzehe auspressen und mit den Chiliflocken in die Pfanne geben. 20 Sekunden anbraten und den Knoblauch dann entfernen.
2. Die gehackten Tomaten dazugeben und köcheln lassen, bis die Sauce eine cremige Konsistenz hat, das dauert ungefähr 15 Minuten. Salzen und pfeffern.
3. Die Pasta kochen und abgießen, 100 ml Kochwasser zum Verdünnen auffangen.
4. Die Hälfte des »Unkrauts« und der Kräuter in Streifen schneiden und zusammen mit der Pasta zur Sauce in die Pfanne geben, eventuell mit etwas Kochwasser verdünnen.
5. Die frischen Tomaten in Stücke schneiden und mit dem restlichen Gemüse auf die Pasta geben. Mit Öl beträufeln und servieren.

Südafrikanischer Gemüseeintopf mit Bohnen

Chakalaka

Ein südafrikanischer Klassiker mit weißen Bohnen aus dem Glas. Traditionell gehört in Streifen geschnittene grüne Paprika in Chakalaka, aber ich habe sie bei meiner etwas vereinfachten Version weggelassen. Sollte Paprika aber gerade Saison haben, wenn Sie das Rezept lesen, dann geben Sie unbedingt ein oder zwei dazu. / **ZEINA**

4 Portionen

1 Zwiebel
ca. 200 g Spitzkohl
2 Karotten
2 Knoblauchzehen
ca. 1 cm frischer Ingwer
Öl zum Anbraten
1 TL gelbes Curry
2 Gläser weiße Bohnen in Tomatensauce (à 350 g)
1 TL Salz
2 Msp. schwarzer Pfeffer
frischer Koriander zum Garnieren

Dazu

gekochte Kartoffeln oder Brot

1. Die Zwiebel hacken, den Kohl in Streifen schneiden und die Karotten grob reiben. Knoblauch und Ingwer fein hacken.
2. Etwas Öl in einer Pfanne erhitzen. Zwiebel, Ingwer und Knoblauch anbraten, bis die Zwiebel etwas Farbe bekommen hat. Karotten, Kohl und Curry dazugeben und noch ein paar Minuten mitbraten.
3. Bohnen, Salz und Pfeffer unterrühren und zugedeckt 15 Minuten köcheln lassen. Mit Koriander bestreuen und mit Kartoffeln oder Brot servieren.

Suppe mit frischen Erbsen und Petersilie

Sommer auf dem Teller. Punkt. / **PAUL**

4 Portionen

4 Champignons
1 Schalotte
200 ml Weißwein (z. B. Riesling)
500 ml Gemüsebrühe
180 g frische grüne Erbsen in der Schote
1 Bund Petersilie
100 g Sahne plus etwas mehr Schlagsahne zum Garnieren
geriebener Parmesan oder veganer Käse
Olivenöl
Salz
frisch gemahlener schwarzer Pfeffer

Dazu

gekochte Erbsen
Kresse

1. Die Pilze grob und die Schalotte fein hacken. Zusammen in einen Topf geben und den Wein dazugießen. Aufkochen und köcheln lassen, bis der Wein fast ganz verkocht ist. Die Brühe hinzufügen und aufkochen.
2. Die frischen Erbsen mit Schote in einem anderen Topf kochen, bis sie weich sind, das dauert nur ein paar Minuten. Abgießen und die Erbsen samt Schoten zusammen mit der Petersilie in einen Mixer geben. Die warme Brühemischung und Sahne dazugeben. Die Suppe glatt pürieren und abseihen. Mit Salz und Pfeffer abschmecken.
3. Die Suppe in Teller geben. Geriebenen Käse in die Mitte und darauf einen Klecks geschlagene Sahne geben. In die Sahne kleine Kuhlen machen und mit etwas Öl füllen. Mit Erbsen und Kresse servieren.

Topinambursuppe mit Pickles und Chips

Viele machen einen Bogen um Topinambur, weil er so knifflig zu schälen ist. Aber genau das ist der Fehler! Man sollte ihn gar nicht schälen. Hier ist ein Rezept für komplette Topinamburknollen – das bedeutet nämlich doppelt so viel Geschmack. / **PAUL**

4–6 Portionen

Suppe

6 große oder 10 kleine Topinamburen
1 Zwiebel
800 ml Gemüsebrühe
200 ml Weißwein
400 g Sahne
Salz
3 EL kalt gepresstes Rapsöl zum Beträufeln

Pilze und Kartoffeln

8 kleine, frische Kartoffeln
100 ml Essigessenz (12 %)
160 g Zucker
1 EL gewürfelter frischer Ingwer
10 Shiitake-Pilze
Salz

Dazu

neutrale Kartoffelchips (»Natur« oder »gesalzen« bzw. »mit Meersalz«)
eine gute Gewürzmischung, z. B. Biryani, Ras el-Hanout oder Berbere

1. Die Topinamburen gut schrubben und dann in grobe Stücke schneiden. Die Zwiebel in Spalten schneiden.
2. In einem Topf Brühe, Wein und Zwiebel aufkochen. Die Topinamburstücke dazugeben und 10–15 Minuten kochen oder bis sie weich sind. Die Sahne dazugeben und die Suppe pürieren. Mit Salz abschmecken.
3. Die Kartoffeln schrubben und in Spalten schneiden. Die Spalten in leicht gesalzenem Wasser weich kochen. Abgießen. Essigessenz, Zucker, 300 ml Wasser und Ingwer aufkochen und von der Platte nehmen. Die Pilze in Stücke schneiden und mit den Kartoffeln in den Sud geben.
4. Die Chips mit der Gewürzmischung würzen.
5. Die Suppe eventuell aufwärmen und in Schalen geben. Mit Rapsöl beträufeln und mit Pilzen und Chips servieren.

Borschtsch

Das Wichtigste für einen richtig guten Borschtsch ist der Essig. Der sorgt fürs Gleichgewicht und eine hellrote Farbe. Vergessen Sie den nie! / **PAUL**

4 Portionen

400 g Rote Bete
200 g Knollensellerie
100 g festkochende Kartoffeln
2 Zwiebeln
3 Knoblauchzehen
3 EL neutrales Öl zum Anbraten
200 g Sauerkraut
1½ l Gemüsebrühe
ca. 2 EL Apfelessig
2 Lorbeerblätter
3 EL Honig
Salz
frisch gemahlener schwarzer Pfeffer

Dazu

200 g Schmand
4 Essiggurken, gewürfelt
1 Schälchen Kresse
Brot

1. Die Rote Bete putzen und die Knollensellerie schälen. Beides grob zu »Spaghetti« reiben. Die Kartoffeln putzen und grob raspeln. Die Zwiebeln in dünne Scheiben schneiden und den Knoblauch fein hacken.
2. In einem Topf das Öl erhitzen und Zwiebeln und Knoblauch ein paar Minuten anbraten. Wurzelgemüse, Sauerkraut, Brühe, Essig, Lorbeerblätter und Honig dazugeben und ungefähr 30 Minuten zugedeckt köcheln lassen. Eventuell etwas Wasser dazugeben, falls die Suppe zu dick ist.
3. Mit Essig, Salz und Pfeffer abschmecken und mit Schmand, Essiggurke, Kresse und Brot servieren.

Gegrillte Bete mit Srirachadressing, Joghurt und Roggencroûtons

Das ist das perfekte Sommergericht. Bereiten Sie dazu einfach noch ein paar Kleinigkeiten vor. Es ist doch toll, wenn am Tisch Schüsseln und Schalen hin- und hergereicht werden! / **PAUL**

4–6 kleine Portionen

2 Bund zarte Sommerbete mit Blättern
Olivenöl
Salz
1 EL flüssiger Honig
1 EL Sherryessig
1 Scheibe Roggenbrot
100 g Haferjoghurt
1 EL frische Oreganoblätter zum Garnieren

Srirachadressing

1 Tomate
50 ml Srirachasauce (scharfe Chilisauce)
2 EL Honig
100 ml eiskaltes kalt gepresstes Rapsöl (stellen Sie das Öl 15 Minuten kalt)
Salz
frisch gemahlener schwarzer Pfeffer

1. Die Bete putzen und die Stiele abschneiden. Die Stiele und Blätter grob hacken und vorsichtig in etwas Öl und Salz wenden.
2. Die Bete in leicht gesalzenem Wasser 5 Minuten vorkochen. Halbieren und dann die Hälften ungefähr 5 Minuten in einer Pfanner mit etwas Öl rundum anbraten. Auch die Blätter zugedeckt 30 Sekunden mitbraten. Beten und Blätter aus der Pfanne nehmen und nun die Stiele anbraten und mit Honig und Essig beträufeln. Einkochen lassen, dann die Bete, Blätter und Stiele mit etwas extra Salz würzen.
3. Für das Dressing die Tomate in Stücke schneiden und mit Sriracha und Honig pürieren. Das Öl dazugeben und zu einem dickflüssigen Dressing mixen. Mit Salz und Pfeffer würzen.
4. Das Brot in dünne Streifen oder Würfel schneiden und in Öl knusprig braten.
5. Den Haferjoghurt auf einen Teller streichen und Bete, Blätter und Stiele darauf arrangieren. Mit etwas Dressing beträufeln und den Rest dazu servieren. Die Bete mit Brot und Oregano bestreuen und servieren.

Nigerianischer Bratweizen

Die nigerianische Variante von gebratenem Reis ist etwas einfacher als die chinesische. Eigentlich gehört Leber in dieses Rezept, meine Version ist also etwas anders. Ich habe auch den Reis gegen Weizenkörner ausgetauscht – die sind so lecker, wenn man sie zusammen mit dem Gemüse brät! Variieren Sie das Gemüse frei nach Geschmack und Saison, verwenden Sie Tiefkühl- oder frisches Gemüse. / **ZEINA**

4 Portionen

280 g Weizenkörner
1 Zwiebel
2 Karotten
1 gelbe Paprika
1 Lauch
100 g grüne Bohnen
Öl zum Anbraten
1 TL gelbes Curry
1 TL getrockneter Thymian
1 TL Salz
2 Msp. schwarzer Pfeffer
100 g gekochte grüne Erbsen

1. Die Weizenkörner in 360 ml Wasser weich kochen. Schneller geht das, wenn sie über Nacht eingeweicht wurden.
2. Die Zwiebel hacken. Karotten und Paprika in ungefähr gleich große Stücke schneiden. Den Lauch grob in Streifen schneiden und die grünen Bohnen klein schneiden.
3. Das Öl in einer Pfanne erhitzen und alles Gemüse anbraten. Sie entscheiden selbst über die Konsistenz des Gemüses - ich mag es mit etwas Biss, daher brate ich alles unter Rühren ungefähr 5 Minuten. Alle Gewürze dazugeben und noch etwas anbraten.
4. Weizenkörner und Erbsen unterrühren und alles unter Rühren ungefähr 3 Minuten braten. Mit Salz und schwarzem Pfeffer abschmecken. Warm oder kalt servieren.

Linsenbolognese

Eine deftige Bolognese mit Linsen. Würzen Sie dieses Gericht genauso, wie Sie es bei ihrer üblichen Hackfleischsauce tun, oder folgen Sie meinem Rezept. Diese Linsensauce eignet sich auch super für Lasagne. / **ZEINA**

4 Portionen

1 Zwiebel
2 Stangen Staudensellerie
2 Karotten
Öl zum Anbraten
3 Knoblauchzehen
1 EL getrockneter Oregano
1 EL getrocknetes Basilikum
1 Dose gehackte Tomaten (ca. 400 g)
3–4 EL Tomatenmark
1–2 TL Dijonsenf (nach Belieben)
1 EL Balsamicoessig
250 g rote Linsen
frisches Basilikum zum Garnieren
Salz
Pfeffer

Dazu

Pasta

1. Zwiebel und Sellerie fein hacken, Karotten reiben. Öl in einem Topf erhitzen und alles zusammen anbraten, bis das Gemüse weich ist und etwas Farbe angenommen hat.
2. Die Knoblauchzehen hineinpressen, Oregano und Basilikum dazugeben und noch etwas anbraten. Tomaten, Tomatenmark, Senf, Essig und 500 ml Wasser dazugeben.
3. Aufkochen und die Linsen einrühren. Zugedeckt bei mittlerer Hitze köcheln lassen, bis die Linsen weich sind, das dauert ungefähr 15 Minuten. Mit Salz und Pfeffer abschmecken. Sollte die Sauce zu trocken sein, noch etwas Wasser zugießen.
4. Mit Basilikum garnieren und mit Pasta servieren.

Fischcurry mit Tomatensauce von den Salomoninseln

Curry, Fisch und Tomate passen perfekt zusammen. Die Kokosmilch erweitert den Geschmack noch, aber wenn Sie lieber Sahne nehmen wollen, dann geht das auch. Denken Sie daran, dass der Fisch nur sieden, aber nicht kochen darf, sonst wird er trocken. / **ZEINA**

4 Portionen

1 Zwiebel
2 Knoblauchzehen
2 grüne Chilischoten
ca. 1 cm frischer Ingwer
200 g Cherrytomaten
Öl zum Anbraten
1 TL gelbes Curry
1 TL gemahlener Kurkuma
1 Packung Kokosmilch, ca. 400 g, oder 400 g Sahne
600 g Seelachsfilet

Dazu

gekochte grüne Erbsen
gekochte Kartoffeln

1. Zwiebel und Knoblauch fein hacken. Die Chili in Streifen schneiden und den Ingwer fein reiben. Die Tomaten in kleine Stücke schneiden.
2. Etwas Öl in einer Pfanne erhitzen und die Zwiebel anbraten, bis sie etwas Farbe bekommt. Knoblauch und Ingwer dazugeben und noch etwas anbraten. Chili und Tomate hinzugeben und noch eine Minute mitbraten. Die Gewürze dazugeben und kurz mit anbraten.
3. Die Kokosmilch dazugießen und aufkochen. Das ganze Fischfilet hineinlegen und auf mittlere Hitze schalten, dann vorsichtig, zugedeckt 10 Minuten köcheln lassen. Sofort mit Erbsen und Kartoffeln servieren.

Syrische/assyrische Nudeln mit Ei

Rishta

Wie würde wohl eine Pasta Carbonara aussehen, wenn sie aus dem Nahen Osten käme? Vielleicht so? Ein etwas anderes, aber sehr leckeres Pastagericht! Die Nudeln bekommen einen tollen nussigen Geschmack, wenn man sie im Ofen röstet. / **ZEINA**

4 Portionen

300 g Tagliatelle (getrocknete Pasta, nicht frische)
6 Eier
2 TL scharfes Paprikapulver (alternativ mildes)
½ TL gemahlener Piment
Olivenöl zum Anbraten und Beträufeln
2 Knoblauchzehen
frischer Oregano zum Garnieren (nach Belieben)
Salz
schwarzer Pfeffer

Dazu

Naturjoghurt
Chilipulver

1. Den Backofen auf 200 °C (Ober-/Unterhitze) vorheizen.
2. Die Pasta in kleine Stücke brechen und auf ein Backblech legen. In der Mitte des Ofens rösten, bis die Pasta goldbraun geworden ist, das dauert 10–15 Minuten.
3. Die Pasta in gesalzenem Wasser mit etwas Olivenöl al dente kochen. Achtung: Wenn Sie die Pasta direkt aus dem Ofen ins heiße Wasser geben, kocht es über. Heiße Pasta deshalb nur in kleinen Portionen in den Topf geben!
4. Die Eier, Paprikapulver und Piment in einer Schüssel mischen und von Hand ordentlich aufschlagen. Olivenöl in einer großen Pfanne erhitzen, die Eiermischung hineingeben und wie für ein Rührei verrühren.
5. Die Pasta dazugeben, den Knoblauch darüberpressen und etwas Olivenöl darauftäufeln. Alles zusammen unter Rühren 1 Minute anbraten. Nach Belieben Oregano darüberstreuen und sofort mit Joghurt und Chilipulver servieren.

Toskanischer Brotsalat mit Kohl und Miesmuscheln

Hier saugt das trockene Brot den fantastischen Saft auf, der sich bildet. Sie sehen also, trockenes Brot ist eine Ressource und kein Problem. / **PAUL**

4 Portionen

1 Tüte Miesmuscheln
200 g Grünkohl
1 grüne Paprikaschote
1 Knoblauchzehe
4 Scheiben Sauerteigbrot
ca. 2 EL Olivenöl zum Anbraten
frisch gepresster Zitronensaft
Bärlauch oder Schnittlauch
Salz
frisch gemahlener schwarzer Pfeffer
Zitronenspalten

1. Die Muscheln gut in kaltem Wasser putzen. Eventuelle »Bärte« entfernen. Die kaputten Muscheln und die offenen, die sich nicht schließen, wenn man sie leicht auf die Arbeitsfläche schlägt, wegwerfen.
2. Die Blätter vom Grünkohl abreißen und zusammen mit den Stielen in Streifen schneiden. Paprika hacken. Knoblauch grob zerdrücken.
3. Das Brot in Stücke reißen. Olivenöl und Knoblauch in einer großen Pfanne erhitzen. Das Brot rösten, bis es goldbraun und knusprig ist. Brot und Knoblauch herausnehmen.
4. Muscheln und Paprika in die Pfanne geben. Wenn die Muscheln sich öffnen: Grünkohlblätter und Stiele dazugeben. Mit Zitronensaft und Salz und Pfeffer abschmecken. Bärlauch in Streifen schneiden oder Schnittlauch hacken und zusammen mit dem Brot darüberstreuen. Sofort mit einer Zitrone servieren, die man darüber auspressen kann. Mit Händen und Gabel essen. Super lecker und nachhaltig!

CAIRN

Irakischer Linseneintopf mit Ei

Makhlama

Traditionell wird dieses Gericht mit Hackfleisch gekocht, aber ich habe stattdessen Belugalinsen genommen, und es ist so super lecker geworden! Linsen sind einfach eine fantastische Zutat, mit der man in vielen Gerichten das Fleisch ersetzen kann. Dieses schmeckt viel besser, als es vielleicht aussieht, das verspreche ich. / **ZEINA**

4 Portionen

200 g Belugalinsen
1 Zwiebel
2 reife Tomaten
Rapsöl zum Anbraten
1 TL Currypulver
1 kleines Bund Petersilie, fein gehackt
1½ TL Salz
2 Msp. schwarzer Pfeffer
5-6 Eier

Dazu

Brot
Lieblingsgemüse

1. Die Belugalinsen nach Packungsangabe weich kochen. Abgießen und abkühlen lassen.
2. Die Zwiebel hacken und die Tomaten würfeln. In einer großen Pfanne das Öl erhitzen und die Zwiebel ein paar Minuten anbraten. Die Tomaten dazugeben und unter Rühren 3-4 Minuten anbraten (oder bis die Tomaten weich werden).
3. Linsen und Curry dazugeben und noch etwas anbraten. Die Petersilie hinzufügen und unter Rühren ungefähr 2 Minuten braten. Salzen und pfeffern.
4. In die Linsen kleine Kuhlen machen und vorsichtig die Eier hineinschlagen. Langsam und gern mit Deckel braten, bis die Eier gestockt sind, das dauert ungefähr 10 Minuten. Alternativ kann man auch alles zusammenrühren, dann wird es eine Art Rührei.
5. Etwas Salz und Pfeffer auf die Eier streuen. Mit Brot und Gemüse servieren.

Tacos mit gebratenen Bohnen

Was wäre das Leben ohne Bohnen? In meiner Speisekammer gibt es immer Bohnen, sowohl gekochte in Dosen als auch getrocknete. Gebratene schwarze Bohnen in einer Tortilla passen genauso in den Alltag wie zum gemütlichen Wochenende. Sie können auch andere Bohnen verwenden, etwa Kidneybohnen. Und machen Sie es wie die Mexikaner, wenn Sie Ihre Tacos genießen: Der Belag sollte eher einfach sein. / **ZEINA**

4 Portionen

1 Zwiebel
2 Knoblauchzehen
1 grüne Chilischote (nach Belieben)
2 Dosen schwarze Bohnen (à ca. 400 g)
Öl zum Anbraten
½ TL geräuchertes Paprikapulver
Salz
schwarzer Pfeffer
8 Tortillawraps

Belag

nach Belieben:
Tomate, gewürfelt
rote Zwiebel, gehackt
frischer Koriander
grüne Chili, in Streifen
Limettenspalten, zum Auspressen
Mayonnaise oder Sauerrahm
Chilisauce

1. Zwiebel, Knoblauch und Chili fein hacken. Bohnen mit kaltem Wasser abspülen und abtropfen lassen.
2. Etwas Öl in einer Pfanne erhitzen und die Zwiebel anbraten, bis sie weich ist oder Farbe bekommt. Knoblauch und Chili dazugeben und noch etwas anbraten.
3. Bohnen und Paprikapulver unterrühren. Bohnen mit einem Kartoffelstampfer oder einer Gabel grob zerdrücken und mit etwas Wasser verdünnen, bis die gewünschte Konsistenz erreicht ist. Mit Salz und Pfeffer abschmecken.
4. Die Wraps in einer Pfanne ohne Öl oder im Ofen kurz erwärmen. Die Füllung daraufgeben und mit dem Belag nach Belieben servieren.

Ofen-kreationen

Aromatische Wohlfühlgerichte
fein gebacken

Shish Kebab mit veganem Hack, Knoblauchjoghurt und Kartoffeln

Kebab kann gut vorher vorbereitet werden, und wenn nicht alles weggeht, lässt es sich problemlos einfrieren. / **PAUL**

4–6 Portionen

Shish Kebab

3 große Champignons
½ Zucchini
Speiseöl
1 Zwiebel
1 Knoblauchzehe
1 TL gemahlener Kreuzkümmel
1 EL gehackter frischer Rosmarin
450 g formbares, veganes Hack
Salz, frisch gemahlener schwarzer Pfeffer
Grillspieß

Kartoffeln

ca. 1 kg Kartoffeln, mehlig kochend
Speiseöl
Salz

Knoblauchjoghurt

1 Knoblauchzehe
fein geriebene Schale von 1 Zitrone
200 g griechischer Joghurt (10 % Fett)
Salz
frisch gemahlener schwarzer Pfeffer

Salzgurke

1 Gurke
Salz

1. Den Backofen auf 230 °C (Umluft) vorheizen. Die Kartoffeln schälen und in ungesalzenem Wasser weich kochen. Abgießen und die Kartoffeln auf ein Blech legen. Die Kartoffeln mit einem Bratenwender so platt drücken, dass sie aufplatzen.
2. Viel Speiseöl darübergießen und salzen. Die Kartoffeln 10–15 Minuten im Backofen backen oder bis sie Farbe angenommen haben.
3. Knoblauch für den Knoblauchjoghurt reiben und mit den restlichen Zutaten mischen, beiseitestellen.
4. Den Backofen auf 200 °C vorheizen. Champignons und Zucchini grob reiben. Die Mischung gleichmäßig auf einem geölten Blech verteilen und 10–15 Minuten im Ofen backen. Die Mischung dann in eine Schüssel geben.
5. Den Backofen auf 150 °C schalten. Zwiebel und Knoblauch fein hacken und ein paar Minuten in etwas Öl anbraten. Kreuzkümmel und Rosmarin dazugeben und anbraten.
6. Die Zwiebelmischung und das vegane Hack in eine Schüssel geben. Gut mischen, salzen und pfeffern. Lange Shish Kebab formen und auf ein geöltes Blech legen. 8 Minuten im Ofen backen. (Bis hierhin kann alles vorbereitet werden.)
7. Jeden Kebab auf einen Grillspieß stecken und ein paar Minuten rundum grillen, sodass er Farbe annimmt – entweder draußen auf dem Grill oder in einer Grillpfanne.
8. Die Gurke in dünne Scheiben schneiden und mit etwas Salz bestreuen.
9. Kebab mit Bratkartoffeln, Gurke und Knoblauchjoghurt servieren.

Kartoffelpuffer gefüllt mit Grünkohl und Austernpilzen

Nichts ist besser als Kartoffelpuffer – egal ob mit Füllung oder als Beilage. / **PAUL**

4 Portionen

Kartoffelpuffer

2 Kartoffeln, mehlig kochend
1 Ei
120 g Weizenmehl
300 ml Hafermilch
Salz
Butter zum Anbraten
frische Petersilie zum Garnieren

Füllung

150 g Austernpilze
1 Zwiebel
Butter zum Anbraten
200 g Grünkohl
Öl zum Anbraten
Salz
2 EL Weizenmehl
300 ml Hafermilch

Nussbutter

100 g Butter

Dazu

Preiselbeeren

1. Die Kartoffeln schälen und in grobe Stücke schneiden. Die Stücke mit Ei, Mehl und Hafermilch in eine Küchenmaschine geben. Pulsmixen, bis alles vermischt ist, aber nicht zu lange: Der Teig soll noch Struktur haben. Mit Salz abschmecken. Ungefähr 30 Minuten quellen lassen.
2. Nun die Nussbutter zubereiten: Bei mittlerer Hitze die Butter in einem Topf schmelzen. Dann unter stetigem Rühren bräunen, bis die Butter eine gleichmäßig goldbraune Farbe hat und nach Karamell riecht. Schnell abkühlen lassen.
3. Den Teig portionsweise in einer Pfanne in Butter bei mittlerer Hitze braten, bis die Ränder der Kartoffelpuffer knusprig sind und sie auf beiden Seiten schön goldbraun sind.
4. Den Backofen auf 200 °C (Umluft) vorheizen. Die Pilze fein hacken oder reiben, die Zwiebel in dünne Scheiben schneiden. In einer Pfanne Butter erhitzen und alles anbraten, bis die Zwiebel weich ist.
5. Die Blätter vom Kohl abschneiden und die Rippen in feine Streifen schneiden. Die Rippenstreifen in etwas Öl anbraten, bis sie Farbe bekommen, salzen. Die Blätter und ein bisschen Wasser dazugeben. Anbraten, bis die Mischung etwas weich geworden ist. Die Pilzmischung hinzufügen, mit Mehl bestäuben und mischen. Die Hafermilch dazugeben und bis zu einer cremigen Konsistenz einkochen. Mit Salz abschmecken.
6. Auf jeden Kartoffelpuffer etwas Füllung geben und aufrollen. Die Rollen in eine Form mit Backpapier legen und ungefähr 5 Minuten im Backofen backen.
7. Mit Petersilie garnieren und mit Nussbutter und Preiselbeeren servieren.

Griechische Spanakopita

Knuspriger Filoteig, gefüllt mit einer tollen Spinatmischung. Warm genauso lecker wie kalt. Funktioniert mit einem griechischen Salat als Hauptgericht oder auch als Beilage, z. B. zum Fisch. Und ist auch noch perfekt für ein Picknick. / **ZEINA**

4–6 Portionen (12 Stücke)

12 Blätter Filoteig (ca. 250 g)
100 g geschmolzene Butter zum Bestreichen

Füllung

1 Stange Lauch
700 g frischer Spinat
Rapsöl oder Butter zum Anbraten
150 g Feta
2 Eier
ca. 3 EL fein gehackter frischer Dill
ca. 3 EL fein gehackte frische Petersilie
1 TL Salz
2 Msp. schwarzer Pfeffer

Dazu

griechischer Salat

1. Den Backofen auf 175 °C (Ober-/Unterhitze) vorheizen.
2. Für die Füllung den Lauch in Streifen schneiden und den Spinat grob hacken. Das Öl erhitzen und den Lauch glänzend anbraten. Den Feta zerbröckeln.
3. Den Lauch mit den restlichen Zutaten für die Füllung in einer Schüssel mischen.
4. Eine Platte Filoteig auf die Arbeitsfläche legen und die Oberseite mit geschmolzener Butter bestreichen. Eine weitere Platte Filoteig darauflegen und auch diese mit der Butter bestreichen. Diese Prozedur wiederholen, bis insgesamt sechs gebutterte Lagen Filoteig aufeinanderliegen.
5. Die Füllung gleichmäßig auf der obersten Lage verteilen. Mit einem Bogen Filoteig bedecken und mit Butter bestreichen. Diese Prozedur wiederholen, bis insgesamt sechs Lagen Filoteig auf der Füllung liegen. Mit einem scharfen Messer in 4 x 3 Stücke schneiden.
6. Auf der mittleren Schiene im Ofen backen, bis der Teig eine schöne goldene Farbe hat, das dauert ungefähr 35 Minuten. Mit einem griechischen Salat servieren. Am besten am selben Tag essen, sonst ist der Teig nicht mehr so knusprig.

Kung Pao vom Blech

Blumenkohl ist oft eine leckere Alternative zu Huhn, so wie hier in einem chinesischen Kung Pao. Ich habe daraus eine vereinfachte Version gemacht, die im Backofen gebacken wird. / **ZEINA**

4 Portionen

4 Kartoffeln, festkochend
2 rote Zwiebeln
1 rote Paprikaschote
1 kleiner Blumenkohl
200 g Champignons
60 g ungesalzene Erdnüsse
1 Frühlingszwiebel zum Garnieren, in Streifen geschnitten

Sauce

3–4 EL japanische Sojasauce
2 EL Reisessig
1 EL Maisstärke
1 EL flüssiger Honig
1½ TL Sesamöl
1 TL gemahlener Ingwer

Dazu

z. B. gekochte Weizenkörner, Haferreis oder Nudeln

1. Den Backofen auf 200 °C (Ober-/Unterhitze) vorheizen.
2. Kartoffeln, Zwiebeln, Paprika, Blumenkohl und Pilze in grobe Stücke schneiden. Die Kartoffeln ungefähr 5 Minuten in Wasser kochen, bis die Stücke etwas weicher werden. Abgießen. Dann Kartoffeln, Gemüse und Pilze auf einem tiefen Backblech verteilen.
3. Alle Zutaten für die Sauce mit 300 ml Wasser in einem Topf mischen und unter Rühren aufkochen. Ein paar Minuten bei niedriger Hitze köcheln lassen. Die Sauce über das Gemüse geben und mit Erdnüssen bestreuen.
4. Auf der mittleren Schiene ungefähr 25 Minuten backen oder bis das Gemüse weich ist. Mit Frühlingszwiebeln garnieren und z. B. mit Weizenkörnern servieren.

Brotpizza mit Ricotta, Fenchel und Oliven

In dieser Pizza steckt im Teig altes Brot, das zu Mehl gemahlen wurde. Das ist gut fürs Klima und schmeckt auch noch toll! / **PAUL**

6–8 Pizzen

Teig

20 g Hefe
600 g grobes Weizenmehl (Type 650 oder 1010 oder mit dem Zusatz »backstark«)
2½ TL Meersalz
1 EL Olivenöl
300 g trockenes, helles Brot

Belag

3 Fenchelknollen mit Grün
1 rote Zwiebel
2 Tomaten
300 g Ricotta
50 ml Olivenöl plus mehr für die Pfanne
80 g kernlose, schwarze Oliven
abgeriebene Schale von 1 Zitrone
Salz
frisch gemahlener schwarzer Pfeffer

1. Hefe, 450 ml Wasser, Mehl, Salz und Öl zu einem glatten Teig verkneten.
2. Das trockene Brot fein mahlen und die Brösel mit 300 ml Wasser verrühren.
3. Die beiden Teige mischen und unter einem Tuch mindestens 8 Stunden im Kühlschrank gehen lassen, besser 16 Stunden.
4. Den Backofen mit einer backofengeeigneten Gusseisenpfanne darin auf 250 °C (Umluft) vorheizen.
5. Die Hälfte des Fenchels in Streifen schneiden. Den Rest fein hobeln (gern auf einer Mandoline) und in sehr kaltes Wasser legen. Die rote Zwiebel in Streifen schneiden. Die Tomaten in dünne Scheiben schneiden.
6. Etwas Öl in einer Pfanne erhitzen und die Fenchel- und Zwiebelstreifen unter Rühren weich anbraten. Mit Salz und Pfeffer abschmecken.
7. Den Teig auf eine bemehlte Arbeitsfläche legen und in Stücke teilen. Vorsichtig jeden Teil mit den Fingerspitzen zu ca. 1 cm dicken Kreisen formen. Den Ricotta auf den Teig streichen.
8. Die Gusseisenpfanne aus dem Ofen nehmen. Das Olivenöl hineingießen und den Teig hineinlegen. Mit Fenchel, Tomate und Oliven belegen. Salzen und pfeffern.
9. Ungefähr 8 Minuten backen oder bis der Teig aufgegangen ist und der Pizzarand goldbraun ist. Zitronenschale und den gehobelten, abgetropften Fenchel auf die Pizza geben. Mit den anderen Pizzen wiederholen. Nach und nach, sobald sie fertig sind, servieren.

Blumenkohlkebab

Das Wort Kebab bedeutet »gegrilltes Fleisch«, aber wer hat gesagt, dass deswegen unbedingt Fleisch im Kebab stecken muss? Blumenkohl aus dem Backofen mit tollen Kräutern, Tahinisauce und Pitabrot ist super lecker. Nehmen Sie den ganzen Blumenkohl, auch den Strunk. Selbst die Blätter können Sie fein hacken und mit Zitrone, Olivenöl und Salz mischen. Servieren Sie diesen Salat dann zum Kebab. / **ZEINA**

4 Portionen

1 Blumenkohl
2 TL Paprikapulver
1 TL gemahlener Kreuzkümmel
½ TL getrockneter Thymian
1 TL Salz
3–4 EL Rapsöl

Tahinisauce

1 Knoblauchzehe
95 g Tahini (Sesampaste)
Saft von 1 Zitrone
ca. ½ TL Salz

Dazu

Pitabrot
Peperoni
Tomate, in Stück geschnitten
gehackte rote Zwiebel
gehackte Petersilie
Zitronenspalten

1. Den Backofen auf 225 °C (Ober-/Unterhitze) vorheizen.
2. Den Blumenkohl in Röschen teilen und den Strunk in dünne Scheiben schneiden. Alles zusammen in eine Schüssel legen, alle Gewürze und das Öl dazugeben und gut mischen. Auf ein Backblech mit Backpapier legen und auf der mittleren Schiene ungefähr 15 Minuten backen.
3. Den Knoblauch für die Tahinisauce fein hacken und mit den restlichen Zutaten und 100 ml Wasser in einer Schüssel mischen. Ordentlich verrühren.
4. Den Blumenkohl im Pitabrot mit Tahinisauce und Beilagen nach Belieben servieren.

Backofenspargel mit Bärlauch und Brennnesselcreme

Bereiten Sie Spargel doch mal etwas anders zu! Die Schalen können Sie immer für eine Suppe oder Sauce aufheben – sie lassen sich auch gut einfrieren. Servieren Sie gern die Kartoffeln von S. 126 dazu, dann ist das Ganze eine sättigende Mahlzeit. / **PAUL**

4 Portionen

2 Scheiben Brot, z. B. angetrocknetes helles Brot
4 Frühlingszwiebeln
12 Stangen weißer Spargel
1 Bund Bärlauch
50 ml kalt gepresstes Rapsöl plus etwas mehr zum Anbraten und Auspinseln
Salz
frisch gemahlener schwarzer Pfeffer

Brennnesselcreme

1 Tomate
1 Knoblauchzehe
100 g Brennnesseln
50 g frischer Spinat
150 ml kaltes Rapsöl (stellen Sie es vorher für 15 Minuten in den Kühlschrank)
Salz

1. Den Backofen auf 180 °C (Umluft) vorheizen.
2. Mit der Brennnesselcreme beginnen. Die Tomate in Stücke schneiden, den Knoblauch grob hacken. Die Brennnesselblätter in kochendes Wasser geben und ein paar Minuten kochen. Abgießen und mit Tomate, Knoblauch und Spinat vermixen. Das Rapsöl in einem dünnen Strahl dazugießen und zu einer dicken Creme mischen. Mit Salz abschmecken und bis zum Servieren kühl stellen.
3. Das Brot in ziemlich kleine Stücke schneiden oder brechen und in Öl knusprig braten.
4. Die Frühlingszwiebeln mit Öl bestreichen und salzen und pfeffern. Im Backofen ca. 15 Minuten rösten (auf eine Kerntemperatur von 93 °C). Ein bisschen abkühlen lassen und die Frühlingszwiebeln dann längs halbieren oder vierteln.
5. Den Spargel schälen. Drei Spargelstangen, 1 Frühlingszwiebel (2 Hälften oder 4 Viertel) und ein paar Bärlauchblätter auf je ein Pergamentpapier legen. 50 ml kalt gepresstes Rapsöl darübergießen und salzen. Zu einem Päckchen zusammenlegen und mit Küchengarn zusammenbinden.
6. Im Ofen backen, bis der Spargel weich wird (Kerntemperatur 85 °C) - das dauert ungefähr 8 Minuten. Mit Brennnesselcreme und Croûtons servieren.

Gebackene Bohnen vom Balkan

Tavče Gravče

Ja, noch ein Bohnenrezept! Ich liebe dieses tolle Gemüse und möchte es öfter auf allen Tischen sehen. Dieses Lieblingsgericht vom Balkan eignet sich mit etwas Brot als vollständige Mahlzeit oder auch als Beilage zu etwas anderem. / **ZEINA**

4 Portionen

2 Gläser weiße Bohnen
(à 400 g)
1 Zwiebel
2 getrocknete Chilischoten
(gern eine Chilisorte mit rauchigem Geschmack, z. B. Chipotle)
oder 1 TL geräuchertes Paprikapulver und 1 TL Chilipulver
1 rote Paprikaschote
Öl zum Anbraten
2 TL Paprikapulver
2 EL Tomatenmark
Salz
schwarzer Pfeffer

Dazu

Brot

1. Den Backofen auf 200 °C (Ober-/Unterhitze) vorheizen. Die Bohnen mit kaltem Wasser abspülen und abtropfen lassen.
2. Zwiebel und Chili fein hacken. Paprika in Streifen schneiden.
3. In einer großen, backofengeeigneten Pfanne das Öl erhitzen und die Zwiebel glasig braten. Chili und Paprika hinzufügen und noch etwas weiterbraten. Paprikapulver, Tomatenmark, Salz und Pfeffer dazugeben und noch 1 Minute mitbraten. 400 ml Wasser hinzufügen und die Sauce ungefähr 5 Minuten köcheln lassen. Eventuell mit Salz und Pfeffer abschmecken.
4. Die Bohnen in die Sauce geben und die Pfanne zudecken. Auf der mittleren Schiene ungefähr 30 Minuten backen. Den Deckel entfernen, den Ofen ausschalten und die Form noch mal 10 Minuten im Ofen stehen lassen.
5. Heiß servieren und ein gutes Brot dazu reichen.

Auberginenrouladen mit Pimiento und Dijonsenf

Pimiento wird auch Kirschpaprika genannt. Es ist eine milde und süße Chilisorte, die man natürlich auch gegen eine geröstete rote Paprika und etwas gehackte rote Chili austauschen kann. / **PAUL**

4 Portionen

12 Piemento (Kirschpaprika) oder 1 geröstete rote Paprikaschote
2 Auberginen
1 Zwiebel
Olivenöl
3–4 Essiggurken
3 EL Dijonsenf (gern regional)
1 Bund Thymian, gehackt
500 ml Umamibrühe
3 EL kalt gepresstes Rapsöl
1 Bund Schnittlauch, grob geschnitten
Salz
frisch gemahlener schwarzer Pfeffer

Dazu

Kartoffelbrei oder gekochte Linsen
grüner Salat

1. Den Backofen auf 225 °C (Umluft) vorheizen. Die Chilis ungefähr 10 Minuten darin rösten oder bis ihre Schale schwarze Blasen wirft. In kaltes Wasser legen und dann die schwarze Haut entfernen. Das Fruchtfleisch in Streifen schneiden und beiseitestellen. Währenddessen die Hitze auf 180 °C reduzieren.
2. Die Auberginen längs in 0,5 cm dicke Scheiben schneiden und auf ein Blech legen. Die Spitzen aufbewahren. Die Scheiben vorsichtig salzen und 15 Minuten Wasser ziehen lassen, dann mit Küchenpapier abtrocknen.
3. Die Auberginenreste und die Zwiebel fein hacken. In einem Topf etwas Öl erhitzen und das gehackte Gemüse darin zugedeckt anbraten, bis es weich ist. Abschmecken.
4. Etwas Öl in einer Pfanne erhitzen und die Auberginenscheiben schnell auf einer Seite anbraten. Die Scheiben herausnehmen. Die Essiggurken in Stäbchen schneiden. Auf jede Auberginenscheibe eine dünne Schicht Senf streichen und mit Pimientostreifen belegen. Die Zwiebelmischung und je ein Gurkenstück dazugeben. Mit Thymian bestreuen und zu Rouladen aufrollen. Mit einem Zahnstocher seitlich zusammenstecken, damit man die Rouladen in der Pfanne wenden kann.
5. Öl in einer backofengeeigneten Pfanne erhitzen und die Rouladen von allen Seiten anbraten. Brühe und Rapsöl dazugeben. Im Ofen ca. 10 Minuten backen oder bis die Rouladen weich geworden sind. Mit Schnittlauch bestreuen und mit Kartoffelbrei oder Linsen sowie einem grünen Salat servieren.

Knollensellerie auf chinesische Art

Char Siu

Char Siu ist ein traditionelles chinesischen Grillgericht, das oft an Festtagen serviert wird. Eigentlich wird es aus Schweinefleisch gemacht, aber ich habe das Fleisch durch Knollensellerie ersetzt und serviere einen satt machenden Kohlsalat dazu. Das Gericht passt eigentlich zu jedem Anlass, aber vielleicht ganz besonders gut zu Weihnachten? / **ZEINA**

4–6 Portionen

1 Knollensellerie, ca. 700 g

Marinade

75 ml Hoisinsauce
½ TL chinesisches Fünf-Gewürze-Pulver oder Szechuanpfeffer
1 TL Sesamöl
2 Knoblauchzehen, gerieben
2 EL Weißweinessig
2 EL Honig
1 TL geräuchertes Paprikapulver

Kohlsalat

1 Stück Rotkohl oder Weißkohl
1–2 Frühlingszwiebeln oder ½ rote Zwiebel
2 Karotten
1 Chilischote (nach Belieben)
65 g Mandeln
2 EL Sesam

Dressing

50 ml Weißweinessig
2 EL Zucker oder Honig
2 EL japanische Sojasauce
50 ml Sesam- oder Rapsöl
1 TL Fischsauce oder 2–3 EL frisch gepresster Limettensaft
Salz

1. Den Backofen auf 150 °C (Ober-/Unterhitze) vorheizen.
2. Die Knollensellerie schälen und in eine Backform legen.
3. Alle Zutaten für die Marinade und 50 ml Wasser in einer Schüssel vermischen. Die Knollensellerie großzügig mit der Marinade bestreichen und auf der mittleren Schiene 1½–2 Stunden backen oder bis sie weich ist (eine Stäbchenprobe machen!). Währenddessen die Knollensellerie mehrmals mit der Marinade begießen. Den Kohlsalat kann man zubereiten, während die Knollensellerie im Backofen ist.
4. Die Knollensellerie abkühlen lassen (kann lauwarm oder kalt serviert werden) und dann in Scheiben schneiden.
5. Kohl und Frühlingszwiebeln in Streifen und Karotten in dünne Scheiben schneiden. Die Chili fein und die Mandeln grob hacken. Alles in eine Schüssel geben.
6. Die Zutaten für das Dressing verrühren und über das Gemüse geben. Mischen, mit Sesam bestreuen und zur Knollensellerie servieren.

Libanesischer Hackbraten vom Blech

Kafta bel sonije

Dieses Gericht hat meine Mama oft gemacht, wenn sie nicht viel Zeit und mit wenigen Zutaten viele Münder zu stopfen hatte. / **ZEINA**

6 Portionen

Hackbraten

800 g Rinderhack
ca. 25 g fein gehackte Petersilie
1 fein gehackte Zwiebel
1 TL Paprikapulver
1 TL Salz
2 Msp. schwarzer Pfeffer

Gemüse

ca. 4 Kartoffeln
Öl zum Anbraten
2 Tomaten
1 Prise Sieben-Gewürze-Pulver (s. unten)
1 Prise schwarzer Pfeffer

Tomatensauce

4 EL Tomatenmark
1 TL Salz

Dazu

gekochte Weizenkörner, Reis oder Brot

1. Zuerst das Gemüse zubereiten. Die Kartoffeln schälen und in ca. 0,5 cm dicke Scheiben schneiden. Das Öl in einer Pfanne erhitzen und die Scheiben braten, bis sie auf beiden Seiten schön goldbraun sind. Die Tomaten in Scheiben schneiden.
2. Den Backofen auf 225 °C (Ober-/Unterhitze) vorheizen.
3. Alle Zutaten für den Hackbraten vermischen. Entweder Taler formen oder die gesamte Hackfleischmischung als Platte in einer Auflaufform (ca. 30 x 40 cm) ausbreiten. Die Kartoffelscheiben darauflegen und dann die Tomatenscheiben.
4. Tomatenmark, 600 ml heißes Wasser und Salz mischen. Die Sauce über die Tomatenscheiben geben und mit Sieben-Kräuter-Gewürz sowie Pfeffer bestreuen.
5. Die Form ganz unten in den Backofen schieben und nach ungefähr 10 Minuten, oder wenn die Tomatensauce zu köcheln beginnt, auf 200 °C herunterschalten. Noch ungefähr 15 Minuten backen. Mit den gewünschten Beilagen servieren.

Sieben-Gewürze-Pulver

Es gibt verschiedene Gewürzmischungen, die als Sieben-Gewürze-Pulver verkauft werden. Sie können sie aber auch einfach selbst mischen und in einem Behälter mit gut schließendem Deckel aufbewahren. Sie passt zu den meisten Eintöpfen und zu Fleisch.

1 TL gemahlener Kardamom
1 TL gemahlener weißer Pfeffer
6 TL gemahlener schwarzer Pfeffer
2 TL gemahlener Zimt
1 TL gemahlener Muskat
2 TL gemahlener Ingwer
2 TL gemahlene Gewürznelke

Sjömansbiff aus Portobello

Viele glauben, dass beim schwedischen »Seemannsauflauf« das Fleisch die Hauptsache ist. Ich finde aber, es ist die makellose, deftige Brühe, die sich bildet, wenn Bier, Kräuter und Gemüse lange köcheln. Diese Variante baut auf Portobellopilze und Kohlrabi – zwei pflanzliche Lieblinge fürs Schmoren. / **PAUL**

4 Portionen

1 Kohlrabi
800 g Kartoffeln
½ Stange Lauch
2 Portobellopilze
3 Lorbeerblätter
5 Zweige Thymian
½ Flasche dunkles Bier
500 ml Umamibrühe
20 g Butter
Rapsöl zum Anbraten
1 Bund zarte Frühlingszwiebeln
Salz
frisch gemahlener schwarzer Pfeffer

1. Den Backofen auf 175 °C (Umluft) vorheizen.
2. Den Kohlrabi schälen und halbieren. Die Hälften in 0,5 cm dicke Scheiben schneiden. Die Kartoffeln putzen und in ebenso dicke Scheiben schneiden, den Lauch und die Portobellopilze in ungefähr 0,2 cm dicke Scheiben schneiden.
3. Alle Scheiben in eine Auflaufform schichten. Lorbeerblätter und Thymian hinzufügen, dann Bier und Brühe angießen. Salzen und pfeffern. Die Butter in Flocken oder dünnen Scheiben obendrauf legen. Backen, bis die Kartoffeln weich sind, das dauert 30–40 Minuten.
4. Öl in einer Pfanne erhitzen und die gewaschenen Frühlingszwiebeln braten, bis sie etwas Farbe angenommen haben und weich werden. Die Frühlingszwiebeln auf den Auflauf streuen und servieren.

Gefülltes Gemüse aus dem Ofen

Sheik el Mahshi

Meine Mama hätte mir den Vogel gezeigt, hätte sie dieses Rezept gelesen – es ist weit von ihrer klassischen Variante entfernt. Aber wenn ich ihr von diesem Buch erzählt hätte, hätte sie den Grund sicher verstanden. Übrigens: Sheik el Mahshi bedeutet »ein gefüllter Geistlicher«. Ich weiß nicht, warum und weiß auch nicht, ob ich es wissen will. / **ZEINA**

6–8 Portionen

Füllung

280 g Weizenkörner
2 Zwiebeln
Rapsöl zum Anbraten plus etwas mehr zum Backen
2 TL Paprikapulver
1½ TL Salz
2 Msp. gemahlener schwarzer Pfeffer

Gemüse

2 Kartoffeln
1 Aubergine
1 Zucchini
4 Tomaten
2 Chilischoten (nach Belieben)

Tomatensauce

3 gehäufte EL Tomatenmark
1 TL Salz
2 Msp. schwarzer Pfeffer

1. Die Weizenkörner kochen und abgießen, solange sie noch etwas Biss haben. Abkühlen lassen.
2. Die Zwiebeln fein hacken. Öl in einer Pfanne erhitzen und die Zwiebeln ein paar Minuten bräunen. Die Weizenkörner dazugeben und unter Rühren ungefähr 1 Minute braten. Mit Paprikapulver, Salz und Pfeffer würzen. Beiseitestellen und das Gemüse vorbereiten.
3. Den Backofen auf 200 °C (Ober-/Unterhitze) vorheizen. Die Kartoffeln putzen. Kartoffeln und Aubergine in 0,5 cm dicke Scheiben schneiden. Die Zucchini der Länge nach halbieren und dann noch einmal in der Mitte (= 4 Stücke). Alles zusammen auf ein Backblech mit Backpapier legen. Mit Rapsöl beträufeln und auf der mittleren Schiene ungefähr 15 Minuten backen.
4. Jede Tomate oben abschneiden und aushöhlen. Das Fruchtfleisch in die beiseitegestellte Füllung geben.
5. Eine Auberginenscheibe in eine große Backofenform geben und die Füllung daraufsetzen, mit einer Auberginenscheibe belegen. Die Prozedur mit den restlichen Scheiben sowie den Kartoffelscheiben wiederholen. Das helle Fruchtfleisch der Zucchini mit einem Löffel etwas festdrücken und Füllung darauf geben. Am Ende die Tomaten füllen. Übrig gebliebene Füllung kann man um das Gemüse herum legen.
6. Alle Zutaten für die Tomatensauce mischen und über das Gemüse gießen. Wer möchte, gibt jetzt noch die Chilis dazu. Ungefähr 25 Minuten auf der mittleren Schiene backen.

Gebackene rote Zwiebel

Hier war der Gedanke, ein Gericht komplett aus der Zwiebel zu gestalten. Also die gebackene Zwiebel ist die Basis, die Sauce und das Aroma. Dann gibt man noch etwas zum Sattwerden und für den Geschmack dazu: eine Hülsenfrucht, Kräuter, etwas Knuspriges und vielleicht noch ein Gemüse. Diese Zwiebel eignet sich natürlich auch als Beilage zum Grillen – dann kann man sie direkt in der Glut zubereiten. / **PAUL**

4 Portionen

4 rote Zwiebeln
4 EL geräuchertes Rapsöl
4 TL Sojasauce
Meersalz
Kresse

Dazu

z. B.
gekochte Linsen, gut gewürzt
frische Kräuter
zerbröselte Chips
zerbröckelter Feta

1. Den Backofen auf 175 °C (Umluft) vorheizen.
2. Die ganzen, ungeschälten Zwiebeln in eine Backofenform legen und backen, bis sie ganz weich sind und sich fast hohl anfühlen (Kerntemperatur 104 °C).
3. Jede Zwiebel mit einem Schnitt öffnen. Öl und Sojasauce hineinträufeln, mit etwas Meersalz und Kresse bestreuen. Mit einem, mehreren oder allen Serviervorschlägen servieren oder auch andere Ideen ausprobieren.

Schmorgerichte

Geschmacksintensive Sattmacher aus dem Topf und vom Blech

Griechische Hackfleischsauce

Saltsa kima

Machen Sie's wie die Griechen und verfeinern Sie Ihre Bolognese mit Zimt und Gewürznelke. Die Hackfleischsauce erhält dadurch eine ganz andere Geschmackstiefe. Machen Sie ruhig die doppelte Menge, wo Sie schon mal dabei sind, und frieren die Hälfte ein. / **ZEINA**

6 Portionen

1 Zwiebel
4 Knoblauchzehen
2 Karotten
2 Stangen Staudensellerie
1 Bund frische Petersilie
Öl zum Anbraten
400 g Hack, beliebige Sorte (pflanzlich oder Fleisch)
4 EL Tomatenmark
1 Dose gehackte Tomaten (400 g)

Gewürze

1 Zimtstange
1 TL gemahlene Gewürznelke
2 EL getrockneter Oregano
2 TL getrockneter Thymian
1 EL Paprikapulver
2 Lorbeerblätter
ca. 2 TL Salz
1 TL schwarzer Pfeffer

Dazu

Pasta

1. Zwiebel und Knoblauch fein hacken. Karotten und Sellerie würfeln. Die Petersilie fein hacken. Öl in einem großen Topf erhitzen, alles hineingeben und anbraten, bis das Gemüse etwas Farbe bekommen hat und weich wird, das dauert ein paar Minuten.
2. Das Hack und alle Gewürze dazugeben und unter Rühren anbraten, bis es braun ist. Tomatenmark hinzufügen und noch etwas anbraten.
3. 400 ml heißes Wasser und die gehackten Tomaten dazugeben, gut umrühren und mindestens 30 Minuten köcheln lassen (gern bis zu 1½ Stunden für einen intensiveren Geschmack). Abschmecken und eventuell nachwürzen. Mit Pasta servieren.

Blumenkohl samt Blättern mit Zitrone und Shiitake-Ragout

Denken Sie daran, dass auch die Blumenkohlblätter eine Delikatesse sind. Essen Sie sie – werfen Sie sie nicht weg! / **PAUL**

4 Portionen

Blumenkohl mit Zitrone

2 EL Olivenöl
1 Knoblauchzehe
1 Blumenkohl mit Blättern
abgeriebene Schale von 1 Zitrone
Salz

Ragout

150 g Shiitake-Pilze
1 Zwiebel
Olivenöl zum Anbraten
½ TL Fenchelsamen, gemörsert
170 g Haferreis
1 l Pilz- oder Gemüsebrühe
frisch gepresster Zitronensaft nach Geschmack
1 EL klein gehackte Minze zum Darüberstreuen
Salz
frisch gemahlener schwarzer Pfeffer

Gewürzte Kerne

50 g Sonnenblumenkerne
1 TL Ras el-Hanout
1 EL Öl

1. Den Backofen auf 150 °C (Umluft) vorheizen.
2. Das Olivenöl in einen Topf geben, der groß genug für den Blumenkohl ist. Die Knoblauchzehe schälen und zerdrücken und an den Topfrand legen.
3. Den Blumenkohl unten abschneiden und die großen Blätter beiseitelegen. Den Kopf mit dem Strunk nach unten in den Topf geben. Mit Zitronenschale und etwas Salz bestreuen. 1 cm Wasser in den Topf geben und zugedeckt auf die höchste Stufe schalten. Den Blumenkohl im Dampf kochen, bis alles Wasser verdampft ist und er unten Farbe annimmt, das dauert 10–15 Minuten. Wenn ein scharfes Messer bis in die Mitte gleitet (Kerntemperatur ca. 80 °C), ist der Blumenkohl fertig. Von der Hitze nehmen und ein paar Minuten ruhen lassen.
4. Sonnenblumenkerne, Ras el-Hanout und Öl mischen. Auf einem Blech im Ofen rösten, bis die Kerne trocken sind und Farbe angenommen haben, das dauert 10–15 Minuten.
5. Die Stiele der Pilze abschneiden und in Scheiben schneiden, die Hüte beiseitelegen. Die Blumenkohlblätter in feine Stücke schneiden. Die Zwiebel fein hacken. Etwas Öl in einer Pfanne erhitzen und die Zwiebel, Pilzscheiben, Kohlblätter und Fenchelsamen anbraten, bis die Zwiebel weich ist. Haferreis und Brühe dazugeben. Zugedeckt köcheln lassen, bis der Reis weich ist, das dauert 10–12 Minuten. Wenn die Mischung zu fest wird, etwas Wasser angießen. Mit Salz, Pfeffer und Zitronensaft abschmecken.
6. Die Pilzhüte salzen und pfeffern und die Unterseiten in Olivenöl anbraten. Pilze und Minze auf das Ragout geben und mit Blumenkohl und Sonnenblumenkernen servieren.

Syrische Sommerhackbällchen in Kirschsauce

Kebab karaz

Die leckersten Hackbällchen des Sommers – mit Kirschen, die ihnen einen tollen, süßsäuerlichen Geschmack verleihen. Als ich das Rezept für das Buch kochte, war gerade keine Kirschsaison, aber glücklicherweise hatte ich welche eingefroren. Hätte ich frische Kirschen verwendet, wäre die Sauce roter, aber es hat mit tiefgefrorenen genauso gut geschmeckt. Es ist praktisch, Obst im Gefrierschrank zu haben, denn dann kann man das ganze Jahr über Saisonfrüchte genießen. / **ZEINA**

4 Portionen

Hackbällchen

1 Zwiebel
400 g Hackfleisch oder formbares Pflanzenhack
1 EL fein gehackte Petersilie
2 TL Paprikapulver
Salz und Pfeffer
Öl zum Anbraten

Kirschsauce

0,8–1 kg Kirschen
1 EL Weizenmehl
4–5 EL Granatapfelsirup (nach Belieben)
Saft von ½ Zitrone
Salz und Pfeffer

Dazu

4 Pitabrote
30 g Pinienkerne
gehackte Petersilie zum Garnieren

1. Die Kirschen für die Sauce entsteinen.
2. Die Zwiebel fein hacken und mit den restlichen Zutaten für die Hackbällchen zu einem Teig vermischen. Aus dem Teig kleine Kugeln rollen und in einer Pfanne in Öl anbraten. Die Bällchen aus der Pfanne nehmen, aber die Pfanne nicht ausspülen.
3. Kirschen und Weizenmehl in dieselbe Pfanne geben und unter Rühren ein paar Minuten anbraten. Granatapfelsirup (nach Belieben), Zitrone, Salz und Pfeffer dazugeben. Alles zusammen ohne Deckel ungefähr 25 Minuten leicht köcheln lassen, bis die Sauce etwas dicker wird. Die Kirschen ein bisschen mit einem Löffel zerdrucken. Wenn die Sauce zu fest wird, etwas Wasser dazugeben.
4. Die Bällchen in die Sauce legen und ohne Deckel 10–15 Minuten köcheln lassen. Das Pitabrot in Stücke schneiden. Die Pinienkerne in etwas Öl bräunen. Die Pitabrotstücke auf eine Platte legen, die Bällchen mit Sauce daraufgeben und mit Pinienkernen und Petersilie bestreuen.

Rote-Bete-Bourguignon mit Kartoffelpüree

Der Schlüssel zu einem richtig guten Bourguignon ist ein subtiles Räucheraroma. Man erreicht es mit geräuchertem Bauchfleisch oder geräucherten Pilzen. Die Pilze sind zwar nicht die klassische Variante, aber dafür umso leckerer. Wenn man keine bekommt, kann man auch geräuchertes Rapsöl im Eintopf und im Püree verwenden. Wichtig für die richtige Geschmackstiefe des Eintopfs ist, die Rote Bete lange anzubraten, damit sie etwas austrocknet und der Geschmack konzentriert wird. / **PAUL**

4–6 Portionen

10 kleine Rote-Bete-Knollen
100 g frische Champignons
15 g geräucherte getrocknete Champignons
Butter zum Anbraten
2 Zwiebeln
2 Knoblauchzehen
2 Lorbeerblätter
3 Wacholderbeeren
1 Bund Thymian
½ Flasche Rotwein mit guter Säure (375 ml)
1 l Umamibrühe
2 Zweige Oregano
2 rote Zwiebeln
Salz
1 EL Maisstärke

Kartoffelpüree

500 g mehligkochende Kartoffeln
100 g Butter
100 ml Hafersahne
100 ml Milch
2 EL geräuchertes Rapsöl

Dazu

5 Essiggurken, in Stäbchen

1. Den Backofen auf 175 °C (Umluft) vorheizen.
2. Die Rote Bete putzen und vierteln. Rote Bete, frische (ganze) und geräucherte Champignons in etwas Butter rundum anbraten und dann alles in eine Backofenform geben. Die Mischung 30 Minuten im Ofen backen.
3. Die Kartoffeln schälen und in leicht gesalzenem Wasser weich kochen. Das Wasser abgießen (es kann für die Brühe der roten Bete genutzt werden).
4. Zwiebel und Knoblauch fein hacken und mit der Rote-Bete-Mischung in einen Topf geben, Lorbeerblätter, Wacholderbeeren und Thymian ebenfalls. Den Rotwein hinzufügen und aufkochen. Eine Weile köcheln lassen, bis ein Teil des Weins verkocht ist. Brühe und Oregano dazugeben und zudecken. Köcheln lassen, bis die Bete weich ist. Die roten Zwiebeln in Spalten schneiden und mitköcheln lassen, bis sie weich sind.
5. Die Sauce durch ein Sieb in eine Schüssel geben, abschmecken und Maisstärke unterrühren. Die Sauce zurück in den Topf geben und aufkochen.
6. Die Kartoffeln passieren und Butter und Salz hinzufügen. Hafersahne und Milch aufkochen und mit den Kartoffeln zu einem Püree verrühren. Mit Salz und geräuchertem Rapsöl abschmecken, mit Bourguignon und Essiggurke servieren.

Türkischer Fleischeintopf vom Blech

Tava

Ein üppiger, türkischer Eintopf aus dem Ofen mit viel tollem Gemüse. Mischen Sie das Gemüse frei nach Geschmack und Saison. In diesen Eintopf passt fast alles. / **ZEINA**

6 Portionen

1 Zwiebel
4 Knoblauchzehen
2 Karotten
4 festkochende Kartoffeln
2 Tomaten
1 Aubergine
1 rote Paprikaschote
1 grüne Paprikaschote
frische Chilischoten
(nach Belieben)
500 g durchwachsenes Fleisch
(gern Lamm)
1 EL getrockneter Thymian
2 TL Paprikapulver
ca. 50 ml Olivenöl
3 EL Tomatenmark
Salz
schwarzer Pfeffer

Dazu

Brot oder
gekochte Weizenkörner

1. Den Backofen auf 175 °C (Ober-/Unterhitze) vorheizen.
2. Zwiebel und Knoblauch hacken. Das ganze Gemüse und die Chili in Stücke schneiden.
3. Das Fleisch in ungefähr 1,5 cm große Würfel schneiden und zusammen mit dem Gemüse in ein tiefes Backblech oder eine Ofenform geben. Alle Gewürze dazugeben und das Öl darübergießen. Alles mit den Händen ordentlich vermischen. Auf der mittleren Schiene ungefähr 15 Minuten backen.
4. Tomatenmark in 300 ml heißes Wasser rühren und über den Eintopf gießen. Alles mischen und bei Bedarf nachwürzen.
   Die Form gut mit Alufolie abdecken und ungefähr 2 Stunden backen (bis das Fleisch ganz zart ist). Mit einem guten Brot oder Weizenkörnern servieren.

Curry aus Kartoffeln und gelben Erbsen

Aloo Curry

Traditionell verarbeiten wir gelbe Erbsen eigentlich nur zu Suppe, dabei ist es die eleganteste Hülsenfrucht, die wir haben. / **PAUL**

4 Portionen

170 g getrocknete gelbe Erbsen, eingeweicht
1 rote Zwiebel
1 Knoblauchzehe
8 festkochende Kartoffeln
Rapsöl zum Anbraten
1 EL geriebener frischer Ingwer
1 EL Curry Vindaloo (indische Gewürzmischung)
1 TL getrockneter Oregano
1 TL gemahlener Kreuzkümmel
2 Lorbeerblätter
2 EL Tomatenmark
500 ml Gemüsebrühe
1 Packung Kokosmilch (ca. 400 g)
½ Stange Lauch
frischer Koriander, grob gehackt

Dazu

Brot

1. Das Einweichwasser der Erbsen abschütten und die Erbsen in einen Topf geben. Frisches Wasser dazugießen, bis sie ganz bedeckt sind. Mit Deckel köcheln lassen, bis die Erbsen weich, aber nicht zerkocht sind, das dauert maximal 1 Stunde. Abgießen und beiseitestellen.
2. Die rote Zwiebel hacken. Den Knoblauch in Scheiben schneiden. Die Kartoffeln putzen, abspülen und in große Stücke schneiden.
3. In einem Topf oder einer großen Pfanne Öl erhitzen und die Kartoffeln leicht anbraten. Zwiebel, Knoblauch, Ingwer, Curry, Oregano, Kreuzkümmel und Lorbeerblätter hinzufügen und ein paar Minuten mitbraten. Das Tomatenmark dazugeben und kurz anbraten.
4. Die Brühe angießen und aufkochen. Die Kokosmilch hinzufügen und alles zugedeckt köcheln lassen, bis die Kartoffeln weich sind, das dauert ungefähr 15 Minuten. Die Erbsen dazugeben und weitere 2 Minuten kochen.
5. Den Lauch in 2 cm dicke Scheiben schneiden. Etwas Öl in einer Pfanne erhitzen, die Scheiben auf beiden Seiten anbraten und dann zum Eintopf geben. Zugedeckt köcheln lassen, bis der Lauch weich, aber nicht zerfallen ist, das dauert ungefähr 5 Minuten. Den Eintopf mit Koriander bestreuen und mit Brot servieren.

Blumenkohleintopf im indischen Stil

Ein toller Eintopf, der von der indischen Küche inspiriert ist: Würziges, Süßes und Herzhaftes vermischen sich in einem einzigen Gericht. Denken Sie daran, den gesamten Blumenkohl zu verwenden. Isst jemand mit, für den Koriander nach Seife schmeckt? Dann lassen Sie das Kraut einfach weg! / **ZEINA**

4–6 Portionen

1–2 Blumenkohl
3 EL Rapsöl plus mehr zum Anbraten
1 Zwiebel
1–2 rote Chilischoten (nach Belieben)
1 EL frischer Ingwer
3 Knoblauchzehen
2 TL Garam masala
2 TL Paprikapulver
1 TL gemahlener Kreuzkümmel
2 EL Tomatenmark
1 Dose gehackte Tomaten (ca. 400 g)
300 g Sahne
ca. 1 EL Zucker (auch weniger)
frischer Koriander zum Garnieren

Dazu

Brot

1. Den Backofen auf 200 °C (Ober-/Unterhitze) vorheizen. Den Blumenkohl in Röschen teilen und den Strunk in dünne Scheiben schneiden. Alles zusammen auf ein Backblech mit Backpapier legen. Rapsöl darübergießen und auf der mittleren Schiene im Backofen backen, bis der Blumenkohl etwas weich geworden ist und Farbe bekommen hat, das dauert ungefähr 25 Minuten. Währenddessen kann man die Sauce vorbereiten.
2. Die Zwiebel und nach Belieben die Chilis hacken. Ingwer und Knoblauch reiben. Etwas Öl in einer Pfanne erhitzen und alles zusammen mit den Gewürzen unter Rühren anbraten.
3. Das Tomatenmark hinzufügen und noch etwas mitbraten. Die gehackten Tomaten und 200 ml Wasser dazugeben und zugedeckt 15–20 Minuten köcheln lassen. Sahne und Zucker (die Sauce darf gern ein bisschen süß sein) unterrühren und zugedeckt weitere 10–15 Minuten köcheln lassen.
4. Den Blumenkohl in die Sauce geben und bei mittlerer Hitze aufwärmen, das dauert ungefähr 5 Minuten. Mit Koriander garnieren und mit einem guten Brot servieren.

Ribollita di cavolo nero

Parmesanrinde wird in der Toskana wegen ihres intensiven Geschmacks sehr geschätzt. Jetzt müssen auch wir die Käserinde genauso schätzen lernen! Also, heben Sie diesen vergessenen Käseteil auf (er lässt sich gut einfrieren) und vergolden Sie damit diese Version einer Ribollita. / **PAUL**

4 Portionen

2 Zwiebeln
3 Knoblauchzehen
1 Stange Staudensellerie
300 g Karotten
200 g Schwarzkohl
50 ml Olivenöl zum Anbraten
1 Bund Petersilie, gehackt (auch die Stiele)
3 EL Tomatenmark
350 g gekochte und abgetropfte weiße Bohnen oder 1 Dose
1 l Gemüsebrühe
2 Lorbeerblätter
20 g Parmesanrinde
100 g schwarze Oliven mit Wasser
Salz
frisch gemahlener schwarzer Pfeffer

Dazu

geröstetes Sauerteigbrot
geriebener Parmesan
Olivenöl zum Darüberträufeln

1. Zwiebel und Knoblauch fein hacken. Sellerie und Karotten fein würfeln. Die Blätter vom Schwarzkohl abreißen und diese sowie den Strunk in Streifen schneiden.
2. Das Öl in einem Topf erhitzen und Knoblauch und Sellerie ein paar Minuten anbraten. Karotten, Petersilie und Tomatenmark unterrühren und noch ein paar Minuten mitbraten.
3. Kohl, Bohnen, Gemüsebrühe, Lorbeerblätter, Parmesanränder und Oliven mit Sud dazugeben und zugedeckt ca. 30 Minuten köcheln lassen. Mit Salz und Pfeffer abschmecken. (Denken Sie daran, dass das Olivenwasser bereits salzig ist!)
4. Entfernen Sie die Parmesanränder, wenn Sie sie finden, ansonsten bleiben sie eben drin. Mit Brot, Parmesan und Olivenöl servieren.

Ropa vieja

Kubanisches Pulled Beef, langsam im Ofen zubereitet und so lecker mit Tortillabrot! Die Fleischmenge kann man reduzieren, indem man Bohnen dazugibt. Hier habe ich die Fleischmenge einer traditionellen Ropa vieja halbiert und stattdessen schwarze Bohnen dazugenommen. / **ZEINA**

6 Portionen

400 g durchwachsenes Fleisch
1 Dose schwarze Bohnen (ca. 400 g)
1 grüne Paprikaschote
1 rote Paprikaschote
1 Zwiebel
4 Knoblauchzehen
90 g grüne Oliven ohne Kerne
2 EL Apfelessig
4 EL Tomatenmark
2 TL gemahlener Kreuzkümmel
1 EL getrockneter Oregano
2 TL Salz
2 Msp. gemahlener schwarzer Pfeffer
2 EL Rapsöl

Dazu

Tortillabrot

1. Den Backofen auf 100 °C (Ober-/Unterhitze) vorheizen, wenn Sie das Gericht 8–10 Stunden garen möchten. Diese Methode ist perfekt, wenn das Essen über Nacht ganz allein fertig werden soll. Bei 150 °C benötigt es »nur« ungefähr 4 Stunden.
2. Das Fleisch in einen gusseisernen Topf legen. Die Bohnen mit Wasser abspülen und in einem Sieb abtropfen lassen.
3. Paprika und Zwiebel in Streifen schneiden, den Knoblauch fein hacken und mit Bohnen und Oliven in den Topf füllen.
4. 250 ml Wasser, Essig, Tomatenmark, Kreuzkümmel, Oregano, Salz und Pfeffer verrühren. Die Mischung über den Topfinhalt gießen und dann auch das Öl. Einen gut schließenden Deckel auf den Topf legen. Wie oben erklärt im Backofen zubereiten, bis das Fleisch so zart ist, dass es leicht auseinandergezogen werden kann.
5. Das Fleisch eine Weile ruhen lassen und es dann mit zwei Gabeln auseinanderziehen. Mit Tortillabrot servieren oder einen Tag im Kühlschrank lassen – dann schmeckt es noch besser.

Kohlrabisteak mit Zwiebeltempura und Sauce Béarnaise

Kohlrabi ist ein unterschätztes Gemüse, das für seine Textur, seinen Geschmack und die einzigartige Saftigkeit eigentlich viel öfter verwendet werden sollte. Ein Gemüse wie für den Grill gemacht! / **PAUL**

4 Portionen

1 Kohlrabi, ca. 600 g
100 ml Gemüsebrühe
500 ml Olivenöl
1 Knoblauchzehe
5 Zweige Thymian
1 TL Grillgewürze (was Ihnen am besten schmeckt)

Sauce Béarnaise

1 Bund Estragon
1 Schalotte
50 ml Sherryessig
150 ml Kichererbsensud
200 ml Rapsöl
90 g geschmolzene Butter
Salz

Zwiebeltempura

2 Bananenschalotten oder Schalotten
55 g Maisstärke
60 g Weizenmehl
1 TL Backpulver
ca. 75 ml Sprudel oder Öl
Öl zum Frittieren
Salz

1. Den Backofen auf 150 °C vorheizen.
2. Den Kohlrabi schälen und in 1–2 cm dicke Scheiben schneiden. Die Scheiben in einen Topf geben, Brühe hinzufügen und mit dem Öl begießen. Knoblauch zerdrücken und mit dem Thymian dazugeben. Zugedeckt schmoren, bis der Kohlrabi transparent wird (Kerntemperatur 90 °C). Währenddessen den Grill anzünden (alternativ eine Grillpfanne verwenden).
3. Die Scheiben grillen, bis sie eine gute Farbe haben. Mit den Grillgewürzen würzen.
4. Die Estragonblätter abzupfen und hacken. Die Schalotte fein hacken. Schalotte, Estragonstiele und Essig in einen Topf geben und aufkochen. Reduzieren, bis fast aller Essig in die Zwiebel eingekocht ist, die Stiele entfernen. Den Kichererbsensud in einen Topf gießen und auf ca. 75 % einkochen. Kichererbsensud und Essigmischung in einer Schüssel verrühren. Öl und Butter erwärmen (80 °C) und in einem dünnen Strahl in die Schüssel rühren, bis eine cremige Konsistenz erreicht ist. Mit Salz abschmecken und die Estragonblätter hinzufügen.
5. Die Schalotten für das Tempura in Streifen schneiden. Maisstärke, Mehl und Backpulver mischen. Die Hälfte der Flüssigkeit dazugießen und zu einer dicken Masse verrühren. Die restliche Flüssigkeit dazugeben und zu einem lockeren Teig verrühren.
6. Öl in einem Topf auf 180 °C erhitzen. Die Zwiebeln in den Teig tunken, dann im heißen Öl goldbraun frittieren. Auf Küchenpapier abtropfen lassen und sofort salzen.
7. Tempura auf den Kohlrabi geben und die Sauce dazu servieren.

Marokkanischer Gemüsecouscous

In diesen Couscous passen die meisten Gemüsesorten, etwa Weißkohl, Süßkartoffeln, Pastinaken, Aubergine und Steckrübe. Etwas Safran ist auch lecker! / **ZEINA**

4 Portionen

1 Glas Kichererbsen (ca. 400 g)
1 Zwiebel
1 Zucchini
2 Karotten
3 Kartoffeln
1 Stück Kürbis
(oder 1 Süßkartoffel)
1–2 frische Chilischoten
oder 1 Paprikaschote
Öl zum Anbraten
4–5 EL Tomatenmark
600 ml Gemüsebrühe

Gewürze

1 Zimtstange
oder 1 TL gemahlener Zimt
1 TL gemahlener Kurkuma
1 TL Paprikapulver
1 TL gemahlener Ingwer
1 TL gemahlener Kumin
1 TL gemahlener Koriander
2 TL Salz
2 Msp. schwarzer Pfeffer
2 Lorbeerblätter

Dazu

Couscous (s. rechts)

1. Kichererbsen mit kaltem Wasser abspülen und abtropfen lassen.
2. Die Zwiebel in Streifen und das Gemüse in große Stücke schneiden. Öl in einem großen Topf erhitzen und die Zwiebel anbraten, bis sie Farbe bekommt. Alle Gewürze außer den Lorbeerblättern dazugeben und unter Rühren 1 Minute mitbraten. Das Tomatenmark hinzufügen und noch etwas anbraten. Gemüsebrühe und Lorbeerblätter dazugeben und aufkochen.
3. Gemüse und Kichererbsen hinzufügen und bei mittlerer Hitze zudeckt ungefähr 30 Minuten köcheln lassen oder bis das Gemüse weich geworden ist. Mit Couscous servieren.

Couscous zubereiten: drei Methoden

Zuerst 300 g Couscous mit 3 EL Olivenöl oder geschmolzener Butter und 3 EL heißem Wasser verrühren. Gut durchmischen, gern mit den Händen.

DAMPFEN Den Couscous in einen Dampfeinsatz geben und über das langsam köchelnde Gemüse stellen. Mit einem Deckel zudecken und den Couscous langsam im Dampf kochen lassen, das dauert ungefähr 15 Minuten.

IN DER MIKROWELLE Den Couscous in eine Schale geben und 5–6 EL heißes Wasser dazugeben. Die Schüssel bedecken. Auf der höchsten Stufe 2 Minuten garen, dann den Grieß mit einer Gabel lockern und abkühlen lassen.

MIT HEISSEM WASSER 250 ml Wasser in einem Topf aufkochen. Den Couscous hineingeben und sofort zudecken. 5 Minuten stehen lassen. Den Grieß mit einer Gabel lockern und abkühlen lassen.

Aromatische Fischfrikadellen

Hier köcheln die Fischfrikadellen in einer tollen Tomatensauce, und das i-Tüpfelchen ist die nordafrikanische Würzsauce Chermoula, die dem Gericht eine neue Dimension verleiht. / **ZEINA**

4 Portionen

Fischfrikadellen

1 Zwiebel
400 g Seelachsfilet, frisch oder TK, aufgetaut
45 g Semmelbrösel
1 Ei
2 EL fein gehackte Petersilie
Saft von ½ Zitrone
1 TL gemahlener Kreuzkümmel
2 TL Paprikapulver
1 TL Salz
2 Msp. schwarzer Pfeffer

Chermoula

1 cm frischer Ingwer
2 Knoblauchzehen
5 g frischer Koriander
5 g frische Petersilie
1 TL gemahlener Kreuzkümmel
2 TL Paprikapulver
100 ml Olivenöl

Tomatensauce

1 Knoblauchzehe
Rapsöl zum Anbraten
1 EL Paprikapulver
1 TL gemahlene Kurkuma
2 EL Tomatenmark
400 g gehackte Tomaten
½ Zitrone

Dazu

gekochte Kartoffeln und Brokkoli

1. Mit der Chermoula beginnen: Ingwer und Knoblauch fein reiben, Koriander und Petersilie fein hacken und mit den restlichen Zutaten mischen, beiseitestellen.
2. Den Knoblauch für die Tomatensauce fein hacken. Das Öl in einer Pfanne erhitzen und Knoblauch bei niedriger Hitze glänzend anbraten. Paprikapulver, Kurkuma und Tomatenmark dazugeben und anbraten. Die gehackten Tomaten und 100 ml Wasser dazugeben und bei niedriger Hitze zugedeckt köcheln lassen, während die Fischfrikadellen vorbereitet werden.
3. Die Zwiebel fein hacken. Den Fisch in große Stücke schneiden und klein mixen. Die restlichen Zutaten ebenfalls in den Mixer geben und schnell zu einem Teig verarbeiten. Aus dem Teig Frikadellen formen und in die Tomatensauce legen.
4. Die halbe Zitrone gut waschen, in Scheiben schneiden und in die Tomatensauce legen. Ein bisschen Chermoula darübergeben (den Rest zum Servieren aufheben). Zugedeckt bei niedriger Hitze köcheln lassen, bis die Fischfrikadellen durchgekocht sind, das dauert 12–15 Minuten. Mit Kartoffeln und Brokkoli servieren.

Hotchpotch

Der Unterschied zwischen Eintopf und Suppe ist eigentlich nur die Flüssigkeitsmenge. Ein Hotchpotch ist irgendwo dazwischen und ich mag ihn besonders gern, weil man quasi den kompletten Kühlschrank dafür leeren und alles, was sich an Gemüse findet, hineintun kann. Ein echter Resteretter! / **PAUL**

4–6 Portionen

Rapsöl zum Anbraten
400 g Lammentrecôte in Stücken
5 Lorbeerblätter
1 Knoblauchzehe, zerdrückt
5 Zweige Thymian
2 Zweige Rosmarin
2 Karotten
1 Kohlrabi
1 Stange Lauch
5 Pimentkörner
Salz
schwarzer und weißer Pfeffer

Dazu

Dijonsenf
frischer Meerrettich

1. Den Backofen auf 175 °C (Umluft) vorheizen.
2. Das Öl in einem feuerfesten Topf mit Deckel erhitzen. Das Lamm schnell rundum anbraten. Mit etwas Salz und schwarzem Pfeffer würzen. 1,5 l Wasser, Lorbeerblätter, Knoblauch, Thymian und Rosmarin dazugeben. Den Deckel auflegen und den Topf in den Backofen stellen. Ungefähr 1½ Stunden schmoren oder bis das Fleisch sich leicht mit einer Gabel teilen lässt. Das Fleisch herausnehmen und die Brühe im Topf lassen.
3. Karotten und Kohlrabi in lange, dünne Stäbchen schneiden. Den Lauch in vier gleich große Viertel teilen und dann noch ein paarmal der Länge nach. Das Gemüse getrennt voneinander von leicht gesalzenem Wasser gerade bedeckt köcheln lassen, bis es weich ist. Das Kochwasser jeweils aufheben. Lauch in sehr kaltem Wasser abschrecken.
4. Das Fleisch in Stücke zupfen und mit dem Gemüse in den Topf geben. Das Gemüsewasser und die Pimentkörner dazugeben. Aufkochen und mit Salz und Pfeffer abschmecken.
5. Mit Dijonsenf und etwas frisch geriebenem Meerrettich servieren.

»Schmorbraten« aus Knollensellerie mit Pilzen und Walnüssen

Ich bin mit Schmorbraten aufgewachsen und fand ihn immer sehr festlich. Die Methode, die ich hier vorstelle, ist ein bisschen zeitaufwendig, aber das Ergebnis hat einen intensiven und aromatischen Geschmack und bietet eine echte Alternative zum klassischen Braten. / **PAUL**

4–6 Portionen

1 Knollensellerie
1 Knoblauchzehe
Rapsöl
8 Zweige Thymian, gern Zitronenthymian
1 Zwiebel
4 frische Steinpilze oder ca. 300 g eingelegte, alternativ Pfifferlinge
40 g Walnüsse
300 ml Hafermilch
100 g Sahne
Salz
frisch gemahlener schwarzer Pfeffer
frisch gepresster Zitronensaft

Dazu

gekochte Linsen

1. Den Backofen auf 180 °C (Umluft) vorheizen.
2. Die Knollensellerie mit einer Wurzelbürste oder einem sauberen Küchenschwamm ordentlich schrubben und auf einen Bogen Backpapier legen. Den Knoblauch pressen. Öl über die Knollensellerie gießen und mit Knoblauch und Thymian im Backpapier einpacken. Das Paket in eine Ofenform legen und bis zu einer Kerntemperatur von 93 °C backen, das dauert 1–1½ Stunden.
3. Die Zwiebel fein hacken. Die Pilze in Stücke schneiden. Etwas Rapsöl in einer Pfanne erhitzen. Pilze und Walnüsse zusammen ein paar Minuten anbraten. Die Zwiebel unterrühren und noch etwas weiterbraten.
4. Hafermilch und Sahne mit einigen angebratenen Pilzen (ungefähr 50 g) aufkochen. Vermischen und mit Salz, Pfeffer und Zitrone abschmecken.
5. Das Bratfett, das im Backpapier entstanden ist, in eine Pfanne geben und die Knollensellerie anbraten, bis die Oberfläche goldbraun und knusprig ist. Die Knollensellerie in dünne Scheiben schneiden. Mit Pilzen, Nüssen, Sauce und Linsen servieren.

Usbekische Nudelsuppe

Lagman

Eine leckere Nudelsuppe, die in Usbekistan sehr beliebt ist. Wenn Sie Ramen mögen, werden Sie Lagman lieben – ein tolles Winteressen, das sättigt und wärmt. Eine authentische Lagman wird mit Fleisch gemacht und mit hausgemachten Nudeln serviert. Ich habe es mir etwas einfacher gemacht, das Fleisch weggelassen und die Nudeln gekauft. / **ZEINA**

6 Portionen

2 Zwiebeln
4 Knoblauchzehen
4–5 mittelgroße Kartoffeln oder 1 Rettich
1 rote Paprikaschote
3 Karotten
Öl zum Anbraten
2 EL Tomatenmark
2 TL gemahlener Kreuzkümmel
2–3 TL Chilipulver (Schärfe nach Geschmack) oder Paprikapulver
2–3 Lorbeerblätter
1 Sternanis
300 g Reisnudeln
frischer Koriander zum Garnieren
Salz und Pfeffer

1. Zwiebeln und Knoblauch fein hacken. Kartoffeln und Paprika würfeln. Die Karotten in Scheiben schneiden.
2. Öl in einem Topf erhitzen und die Zwiebeln anbraten, bis sie etwas Farbe bekommen haben. Knoblauch, Tomatenmark, Kreuzkümmel und Chilipulver unterrühren und 1 Minute mitbraten. Das restliche Gemüse dazugeben und noch etwas anbraten.
3. Ca. 1,2 l heißes Wasser, Lorbeerblätter, Sternanis, Salz und Pfeffer dazugeben. Aufkochen, umrühren und dann die Suppe zugedeckt ungefähr 20 Minuten köcheln lassen oder bis die Kartoffeln weich sind.
4. Die Nudeln nach Packungsangabe kochen. Abgießen und auf Schalen verteilen. Die Suppe daraufgießen, mit Koriander bestreuen und servieren.

Brasilianische Linsensuppe mit Kohl

Sopa de lentilha e couve

Eine sättigende brasilianische Kohlsuppe, die kalt genauso gut schmeckt wie warm, und das rund ums Jahr. In Brasilien heißt es, dass Linsen Glück bringen, und diese Suppe wird traditionell an Neujahr serviert. Und wer will das neue Jahr nicht mit etwas Glück beginnen? / **ZEINA**

4–6 Portionen

180 g getrocknete grüne Linsen
1 Gemüsebrühwürfel oder 1½ EL Gemüsefond
2 Lorbeerblätter
1 rote Zwiebel
2 Knoblauchzehen
2 Karotten
150 g Schwarzkohl oder Grünkohl
Öl zum Anbraten
1 TL Salz
2 Msp. gemahlener schwarzer Pfeffer

Dazu

Zitronenspalten

1. Linsen, 1,5 l Wasser, Brühe und Lorbeerblätter in einem Topf mischen und zugedeckt ungefähr 20 Minuten kochen oder bis die Linsen weich sind. Währenddessen das Gemüse vorbereiten.
2. Zwiebel und Knoblauch fein hacken. Karotten in Scheiben schneiden. Die dicken Rippen aus den Kohlblättern herausschneiden, den Rest grob hacken.
3. Öl in einer Pfanne erhitzen und Zwiebel und Knoblauch anbraten, bis sie Farbe bekommen. Karotten und Kohl dazugeben und noch ein paar Minuten mitbraten.
4. Die Gemüsemischung in den Topf geben und salzen und pfeffern. Die Suppe zugedeckt 10–15 Minuten köcheln oder bis die Karotten weich sind. Dazu Zitronenspalten servieren.

Brennnesselgnocchi mit Weißweinsauce und grünem Unkraut

Die Saison, in der man Brennnesseln pflücken kann, ist kurz. Um sie haltbar zu machen, verarbeiten Sie sie zu einem Püree (s. unten) und frieren dieses in Eiswürfelformen ein. So können Sie jederzeit Gnocchi, Suppe, ein Dressing oder eine Füllung damit machen. / **PAUL**

4 kleine Portionen

300 g mehligkochende Kartoffeln
2 EL Brennnesselpüree (die Blätter ein paar Minuten kochen und dann pürieren)
1 Eigelb
100 g Weizenmehl
Butter zum Anbraten
Salz

Weißweinsauce

½ Zwiebel
Olivenöl zum Anbraten
5 Champignons
300 ml Weißwein
200 g Sahne
200 ml Hafermilch
Salz
weißer Pfeffer

Dazu

Unkräuter wie Giersch, Brennnesseln, Bärlauch
Radieschen, dünn gehobelt

1. Die Kartoffeln schälen und in einem Topf mit leicht gesalzenem Wasser kochen. Abgießen und etwas abkühlen lassen. Dann die Kartoffeln durch ein Sieb in eine Schüssel passieren. Brennnesselpüree und Eigelb hinzufügen, dann das Mehl unterrühren und alles zu einem Teig verkneten.
2. Aus dem Teig lange Rollen mit ungefähr 2 cm Durchmesser formen und diese in ungefähr 1 cm lange Stücke schneiden. Leicht gesalzenes Wasser in einem Topf aufkochen. Die Gnocchi portionsweise garen – sie sind fertig, wenn sie an die Oberfläche steigen. Mit einem Schaumlöffel aus dem Wasser holen und zum Abtropfen auf Küchenkrepp legen.
3. Die Zwiebel für die Sauce fein hacken. In etwas Olivenöl in einem Topf ein paar Minuten anbraten. Die Pilze in kleine Stücke brechen und zusammen mit dem Wein dazugeben. Vorsichtig köcheln lassen, bis die Pilze weich sind.
4. In einem anderen Topf die Sahne auf die Hälfte einkochen und zusammen mit der Milch unter die Pilzmischung rühren. Bis zur gewünschten Konsistenz köcheln lassen, dann mit einem Stabmixer zu einer glatten Sauce pürieren. Mit Salz und weißem Pfeffer abschmecken.
5. Die Gnocchi schnell in Butter bräunen. Die Unkrautblätter und die Weißweinsauce dazugeben und aufkochen. In Schalen servieren und beispielsweise mit rohem Bärlauch und Radieschen bestreuen.

Karibischer Eintopf

Ein toller Eintopf, bei dem man das Gemüse je nach Saison variieren kann. Hier passt alles rein, vom feinen Wurzelgemüse im Herbst bis zum sommerlichen Blumenkohl und Paprika. Das Wasser im Eintopf lässt sich durch gehackte Tomaten ersetzen. / **ZEINA**

4 Portionen

1 Glas Kidneybohnen (ca. 400 g)
1 Zwiebel
2 Knoblauchzehen
1 kleines Stück frischer Ingwer, ca. 1 cm
2 Kartoffeln
2 Karotten
Öl zum Anbraten
1 TL getrockneter Thymian
1 Packung Kokosmilch (ca. 400 g)
2 Habanero-Chilischoten, alternativ eine andere Chilisorte
2 Lorbeerblätter
1½ TL Salz
2 Msp. gemahlener schwarzer Pfeffer
2½ TL Maisstärke
ca. 300 ml Wasser oder 1 Dose gehackte Tomaten (ca. 400 g)

Dazu

gekochte Weizenkörner

1. Die Bohnen mit kaltem Wasser abspülen und abtropfen lassen.
2. Die Zwiebel fein hacken, Knoblauch und Ingwer reiben. Die Kartoffeln in Stücke und die Karotten in Scheiben schneiden.
3. Öl in einem Topf erhitzen und die Zwiebel anbraten, bis sie etwas Farbe hat. Knoblauch und Ingwer dazugeben und kurz mitbraten. Kartoffeln und Karotten dazugeben und unter Rühren ungefähr 3 Minuten weiterbraten. Mit Thymian würzen.
4. Kokosmilch, Bohnen, die ganzen Habaneros, Lorbeerblätter, Salz und Pfeffer hinzufügen. Aufkochen und dann ungefähr 10 Minuten ohne Deckel köcheln lassen.
5. Maisstärke und Wasser oder Tomaten verrühren und in den Eintopf geben. Ohne Deckel 10–15 Minuten köcheln lassen oder bis das Gemüse weich ist. Mit Weizenkörnern servieren.

Knollenselleriesschnitzel mit Kartoffelsalat

Außen knusprig, innen aromatisch – bei diesem Gericht kommt die Knollensellerie so richtig zur Geltung. Probieren Sie mal Semmelbrösel aus Sauerteigbrot! Sie haben ein Aroma, das wirklich einen Unterschied macht. / **PAUL**

4 Portionen

1 Knollensellerie
Speiseöl
2 Knoblauchzehen, zerdrückt
8 Zweige frischer Thymian plus mehr für die Pfanne
60 g Weizenmehl
180 g Semmelbrösel, gern aus Sauerteigbrot
2 Eier
Salz
frisch gemahlener schwarzer Pfeffer

Kartoffelsalat

600 g neue Kartoffeln
½ Gurke
2 Frühlingszwiebeln
2 EL kleine Kapern
frisch gepresster Zitronensaft

Französisches Senfdressing

2 EL Dijonsenf
2 EL Gemüsefond
1 EL Essig
4 EL Öl
Salz, Pfeffer

Dazu

200 g gemischter, grüner Salat
Zitronenspalten

1. Den Backofen auf 180 °C (Umluft) vorheizen. Die Knollensellerie gut schrubben und auf Backpapier legen. Öl darübergießen und die Knollensellerie mit einer Knoblauchzehe und Thymian im Backpapier einpacken. Das Paket in eine Ofenform legen und nicht ganz weich backen (Kerntemperatur 91 °C), das dauert 1–1½ Stunden. Die Knollensellerie in ungefähr 1 cm dicke Scheiben schneiden und abkühlen lassen.
2. Eine Selleriescheibe zwischen dicke Plastikfolie legen und zu einem Schnitzel klopfen, ohne dass sie zerbricht. Salzen und pfeffern. Mit den restlichen Scheiben genauso verfahren.
3. Mehl und Semmelbrösel auf je einen Teller geben. Die Eier in einem Suppenteller verrühren. Eine Selleriescheibe erst im Mehl, dann in den Eiern und schließlich in den Semmelbröseln wenden. Darauf achten, dass jede Schicht deckend ist. Mit den restlichen Scheiben genauso verfahren. Viel Öl mit einer Knoblauchzehe und Thymian in einer Pfanne erhitzen. Die Schnitzel auf beiden Seiten braten - oft mit Fett übergießen.
4. Die Kartoffeln putzen und in ungesalzenem Wasser kochen, bis sie fast weich sind. Währenddessen die Gurke würfeln und die Zwiebeln in Streifen schneiden. Alles mit den Kapern in eine Schüssel geben. Die Kartoffeln klein schneiden und in der Schüssel mischen. Mit Zitronensaft abschmecken.
5. Alle Zutaten für das Dressing verrühren. Zum Kartoffelsalat geben.
6. Die Schnitzel knusprig frisch aus der Pfanne mit Kartoffelsalat, grünem Salat und Zitrone servieren.

Nachspeisen

Süße Sünden
mit gutem Gewissen

Vegane Brownies

Diese Brownies haben eine knusprige, baiserartige Oberfläche und sind innen zäh und klebrig. Genial! Wenn Sie keinen Kokosgeschmack in Ihren Brownies möchten, können Sie ein neutrales Pflanzenöl nehmen. (Und wenn Sie möchten, können Sie das Kokosöl auch durch 100 g Butter ersetzen.) / **ZEINA**

12 Stücke

100 g Kokosöl (gut 100 ml)
gut 100 ml Sud aus einem Glas Kichererbsen
240 g Zucker
90 g Weizenmehl
4 EL Kakao
1 EL Vanillezucker
½ TL Salz
100 g grob gehackte Nüsse nach Wahl (hier: Haselnüsse)

Dazu

aufschlagbare Hafersahne oder normale Sahne

1. Den Backofen auf 175 °C (Ober-/Unterhitze) vorheizen. Eine Backform, ca. 20 × 30 cm, mit Backpapier auslegen.
2. Das Kokosöl schmelzen und abkühlen lassen.
3. Kichererbsensud und Zucker in einer Schüssel mischen und zu einem baiserartigen Teig aufschlagen, das dauert 3–4 Minuten.
4. Mehl, Kakao, Vanillezucker und Salz mischen und dann durch ein feines Sieb in die Schüssel geben. Vorsichtig ein paarmal mit einem Teigspatel wenden, das Kokosöl dazugeben und alles vermischen, ohne zu viel zu rühren. Den Teig glatt in die Form geben und mit Nüssen bestreuen.
5. Auf der mittleren Schiene 25–30 Minuten backen. Der Kuchen sollte außen knusprig und innen feucht-klebrig sein.
6. Abkühlen lassen und dann mindestens 1 Stunde in den Kühlschrank stellen. Der Kuchen sollte vor dem Anschneiden vollständig kalt sein. Gern mit etwas Schlagsahne servieren, um die Süße zu brechen.

Doppelte Crème Caramel mit Topinambur

Crème Caramel ist lecker. Crème brûlée auch. Topinamburschale ist allerdings keine bekannte Delikatesse (jedenfalls noch nicht), aber wenn man alles miteinander kombiniert, erhält man einen echten veganen Gaumenschmeichler. Wenn Sie also das nächste Mal etwas mit Topinambur zubereiten und die Knollen entgegen meinem Tipp auf S. 104 doch schälen, dann heben Sie die Schalen im Gefrierschrank auf. / **PAUL**

6–8 Portionen

1 Vanilleschote
400 g Hafersahne
300 ml Hafermilch
1 Handvoll Topinamburschale, gewaschen
4 Eier
2 EL Zucker

Karamell

80 g Zucker
90 g Rohrohrzucker (zum Karamellisieren)

Dazu

3 Birnen

1. Die Vanilleschote längs aufschneiden, das Mark herauskratzen und zusammen mit der Schote in einen Topf mit Hafersahne, Hafermilch und Topinamburschale geben. Aufkochen und beiseitestellen. 30 Minuten ziehen lassen.
2. Den Backofen auf 100 °C (Umluft) vorheizen. Eier und Zucker in einer Schüssel verrühren, die Sahnemischung durch einen Filter dazugeben und rühren, bis sich der Zucker aufgelöst hat, dabei darauf achten, dass nicht zu viel Luft in die Crème kommt.
3. 3 EL Wasser und 80 g Zucker bei großer Hitze ohne Umrühren zu einem hellen Karamell kochen, das dauert ungefähr 10 Minuten. Eine dünne Schicht Karamell in backofenfeste Portionsformen gießen und ganz fest werden lassen. Dann mit der Crème füllen.
4. Die Crème backen, bis sie fest geworden ist. Etwas abkühlen und dann im Kühlschrank ganz kalt werden lassen.
5. Den Rohzucker gleichmäßig auf der Crème verteilen und mit einem Gasbrenner (Flambierbrenner) kurz vor dem Servieren karamellisieren. Die Birne in kleine Würfel schneiden und dazu servieren.

Pakistanisches Halwa

Halwa ist ein Dessert, das in mehreren Weltregionen beliebt ist und auf unterschiedliche Art zubereitet werden kann. Diese Variante ist aus Kürbis. Ich habe Hokkaido-Kürbis benutzt, aber Butternut-Kürbis passt hier auch ganz wunderbar. / **ZEINA**

10 – 12 Portionen

500 g Kürbis
100 g Ghee oder Butter
250 g Grieß
1½ TL zerstoßener Kardamom
160–200 g Zucker
(nach Geschmack)

Garnitur

z. B.
Nüsse
Rosinen
Kokosflocken

1. Den Kürbis ggf. schälen und würfeln. Die Würfel in 200 ml Wasser aufkochen und zugedeckt köcheln lassen, bis sie zerfallen, das dauert 10–20 Minuten. Abgießen. Die Kürbisstücke mit einer Gabel oder einem Kartoffelstampfer zerdrücken.
2. In einer Pfanne das Ghee erhitzen und bei mittlerer Hitze Grieß und Kardamom 4 Minuten anbraten.
3. 500 ml Wasser und den Zucker dazugeben. Unter Rühren aufkochen, die Hitze reduzieren und das Kürbispüree unterrühren. Unter stetigem Rühren bei mittlerer Hitze köcheln lassen, bis die Mischung andickt, das dauert ungefähr 4 Minuten.
4. Auf einen Teller geben und im Kühlschrank abkühlen und fest werden lassen, das dauert ungefähr 2 Stunden. Mit den Lieblingszutaten garnieren und servieren.

Orientalischer Käsekuchen

Kunafa

Kunafa ist der beliebteste Käsekuchen im gesamten Nahen Osten. Es gibt verschiedene Varianten, und diese hier heißt »Toastkunafa«, da sie mit Semmelbröseln gemacht wird. Kunafa kann gern warm oder lauwarm serviert werden, dann zieht der Käse so schön Fäden. / **ZEINA**

6 Portionen

100 g Butter
ca. 350 g Semmelbrösel

Füllung

1-2 Kugeln Mozzarella (à ca. 120 g)
250 g Sahne
150 ml Milch (3,5 %)
2½ EL Grieß
1½ EL Maisstärke
1 TL Vanillezucker

Sirup

160 g Zucker
1 TL frisch gepresster Zitronensaft
1 TL Vanillezucker

1. Zuerst den Sirup herstellen: Alle Zutaten mit 200 ml Wasser in einem Topf mischen und unter Rühren aufkochen. Bei geringerer Hitze ungefähr 7 Minuten langsam köcheln lassen, ab und zu umrühren. Den Sirup etwas abkühlen lassen und zudecken, damit sich auf der Oberfläche keine Zuckerkristalle bilden. Den Sirup bis auf Zimmertemperatur abkühlen lassen.
2. Den Backofen auf 200 °C (Ober-/Unterhitze) vorheizen. Die Butter schmelzen und über die Semmelbrösel gießen. Mit den Fingerspitzen vermischen und gleichzeitig zerkrümeln, damit keine Klumpen entstehen. Beiseitestellen.
3. Den Mozzarella 10 Minuten in warmem Wasser (nicht kochendem) liegen lassen, damit der Salzgeschmack verschwindet.
4. Alle Zutaten für die Füllung außer dem Mozzarella in einem Topf vermischen. Unter ständigem Rühren aufkochen und aufpassen, dass nichts anbrennt. Die Hitze herunterschalten und weiterrühren, bis die Mischung andickt. Den Mozzarella hineinbröckeln und bei geringer Wärme unter Rühren schmelzen lassen.
5. Etwas weniger als die Hälfte der Semmelbrösel unten in eine kleine Springform (ungefähr 20 cm Durchmesser) oder eine andere Form mit hohem Rand geben. Die Füllung daraufgeben und zum Abschluss die restlichen Semmelbrösel. Vorsichtig mit den Fingerspitzen festdrücken.
6. In der Ofenmitte 20–25 Minuten backen oder bis die Oberfläche eine hübsche, goldbraune Farbe angenommen hat. Etwas Sirup darübergeben und 5 Minuten stehen lassen. Mit dem restlichen Sirup servieren.

Hagebuttensuppe mit Sonnenblumenkernkeksen

Ein schwedischer Dessertklassiker, der aus frischen oder getrockneten Hagebutten gekocht werden kann. Eigentlich werden die Kekse mit Mandeln gebacken, aber das ist fürs Klima problematisch. Und mit Sonnenblumenkernen schmecken die Kekse einfach toll! Eigentlich sogar besser als die traditionellen. / **PAUL**

4 Portionen

Kekse

100 g Sonnenblumenkerne
120 g Zucker
1 Eiweiß oder 50 ml reduzierter Kichererbsensud (von 100 ml reduziert)
etwas Puderzucker zum Bestäuben

Hagebuttensuppe

100 g frische, entkernte Hagebutten oder 35 g Hagebuttenpulver
120 g Rohrohrzucker
1 EL Kartoffelmehl
2 EL frisch gepresster Zitronensaft
3 EL regionaler Honig

Dazu

100 g Hafersahne

1. Zuerst die Kekse: Den Backofen auf 200 °C (Umluft) vorheizen. Die Sonnenblumenkerne in einem Mixer oder einer Kaffeemühle zu Mehl mahlen (aber nicht zu lange, sonst werden sie matschig).
2. Das Sonnenblumenkernmehl mit den restlichen Zutaten zu einem Teig verarbeiten. Aus dem Teig kleine Kugeln rollen und auf ein Backblech mit Backpapier legen. Jede Kugel mit dem Daumen vorsichtig plätten. Ungefähr 10 Minuten backen oder bis die Kekse eine hübsche Farbe angenommen haben. Abkühlen lassen und dann mit Puderzucker bestäuben.
3. Alle Zutaten für die Hagebuttensuppe mit 600 ml Wasser in einem Topf mischen und unter Rühren aufkochen. Dann zugedeckt 5–10 Minuten köcheln oder bis die Suppe fertig ist und glänzt. Sieben und sofort mit Hafersahne und Sonnenblumenkernkeksen servieren oder die Suppe abkühlen lassen und kalt servieren.

Gegrilltes Rhabarber-Gurken-Kompott mit Olivenöl-Hafer-Keksen

Rhabarber zu grillen, bevor man daraus beispielsweise Kompott macht, ist ein guter Trick, um einen tieferen Geschmack ins Dessert zu bekommen. Es lohnt sich, das auch bei anderen fruchtigen Süßspeisen auszuprobieren. Und die Kekse schmecken großartig, sind super einfach zu backen und sehen hübsch aus! / **PAUL**

4 Portionen

ca. 350 g zarter Rhabarber
gut 80 g Zucker
½ Gurke
100 g Haferjoghurt
1 EL Puderzucker
Zitronenmelisse

Kekse

65 g Olivenöl (gut 4½ EL)
1 TL Zucker
½ TL gemahlener Kardamom
10 g Hafermehl (ca. 1 EL)

1. Den Rhabarber putzen und mit einem Gasbrenner (Flambierbrenner) rundherum grillen, alternativ unter den Backofengrill legen und einige Male wenden. In lange Stücke schneiden und in einen Topf geben. Zucker hinzufügen und zugedeckt köcheln lassen, bis der Rhabarber weich ist. Die Stücke vorsichtig aus dem Topf auf einen Teller heben (den Sud im Topf lassen).
2. Die Gurke schälen und längs halbieren. Die Kerne mit einem Löffel herausnehmen und die Gurke dann in grobe Stücke schneiden. Die Stücke zum Rhabarbersud in den Topf geben. Zudeckt vorsichtig 2 Minuten köcheln lassen. Von der Platte nehmen und den Rhabarber wieder in den Topf geben und abkühlen lassen.
3. Haferjoghurt und Puderzucker verrühren und beiseitestellen.
4. Alle Zutaten für die Kekse mit 55 ml Wasser in einer Schüssel mit einem Stabmixer auf niedrigster Geschwindigkeit schnell vermischen.
5. Eine Bratpfanne etwas stärker als mittlere Hitze erwärmen. Ungefähr 1 EL Teig in die Pfanne geben und braten, bis der Keks goldbraun ist. Vorsichtig mit einem Bratenwender herausheben und auf Küchenkrepp abtropfen lassen. Mit dem restlichen Teig wiederholen.
6. Das Kompott mit der Gurkenmischung und viel Zitronenmelisse servieren. Die Olivenölkekse darauflegen.

Apfelstrudel

Eine knusprige Filoteigrolle gefüllt mit säuerlichen Äpfeln und süßen Rosinen. Himmlisch! Ein österreichischer Klassiker, den man in der Apfelsaison einfach backen muss. / **ZEINA**

ca. 10 Stücke

6 Blätter Strudel- oder Filoteig
ca. 100 g geschmolzene Butter zum Bestreichen

Füllung

600 g regionale Äpfel, gern säuerlich
Saft von 1 Zitrone
80 g Zucker
2 TL gemahlener Zimt
40 g Walnüsse, grob gehackt, nach Belieben
60 g Rosinen
2 EL Semmelbrösel
50 g geschmolzene Butter
Puderzucker zum Bestäuben

Dazu

Vanillesauce oder Vanilleeis

1. Den Backofen auf 200 °C (Ober-/Unterhitze) vorheizen.
2. Die Äpfel schälen, entkernen und in kleine Würfel schneiden, mit Zitronensaft übergießen und mischen. Zucker, Zimt, eventuell Nüsse, Rosinen, Semmelbrösel und 50 g geschmolzene Butter dazugeben und mischen.
3. Eine Platte Teig auf eine Arbeitsfläche legen und die Oberseite mit geschmolzener Butter bestreichen. Eine weitere Platte darauflegen und auch diese mit der Butter bestreichen. Wiederholen, bis insgesamt sechs gebutterte Lagen Teig aufeinanderliegen.
4. Die Füllung auf den Teig streichen, aber an den kurzen Enden ein paar Zentimeter frei lassen. Diese Ränder über die Füllung schlagen und den Teig dann zu einer Rolle aufrollen.
5. Die Rolle mit der Naht nach unten auf ein Backblech mit Backpapier legen und mit Butter bestreichen. Unten im Backofen ungefähr 30 Minuten backen oder bis die Rolle eine hübsche, goldbraune Farbe hat.
6. Abkühlen lassen, mit Puderzucker bestäuben, in Stücke schneiden und servieren, gern lauwarm, mit Vanillesauce oder Vanilleeis.

Baklavaschnecken

Große, saftige Zimtschnecken, die nach Baklava schmecken – eine großartige Kombination! Mischen Sie die Nüsse nach Geschmack oder verwenden Sie Kerne, wenn Ihnen das lieber ist. Vielleicht wundert sich jemand über die Maisstärke in der Füllung: Dadurch bleibt die Füllung besser an Ort und Stelle und fließt nicht heraus. / **ZEINA**

ca. 12 Stück

Teig

20 g frische Hefe oder
2 TL Trockenhefe
250 ml lauwarme Milch (3,5 %)
75 g Butter (Zimmertemperatur)
80 g Zucker
1 Prise Salz
2 TL Vanillezucker
1 TL zerstoßener Kardamom
nach Belieben
420–480 g Weizenmehl
1 verquirltes Ei
zum Bestreichen

Füllung

75 g Butter (Zimmertemperatur)
ca. 3 EL Zucker
1 TL Zimtpulver
1½ TL Maisstärke
ca. 50 g fein gehackte Nüsse
nach Geschmack,
hier: Pistazien und Walnüsse

Garnierung

ca. 75 ml Zuckersirup
ca. 2 EL fein gehackte Nüsse

1. Hefe in eine Schüssel (gern einer Küchenmaschine) bröseln, Milch dazugeben und rühren, bis sich die Hefe aufgelöst hat. Die restlichen Zutaten für den Teig hinzugeben, das Mehl aber nicht auf einmal, sondern nach und nach, bis ein leicht zu bearbeitender Teig entsteht (lieber etwas klebrig als zu kompakt). Den Teig kräftig kneten, bis er geschmeidig ist. Die Schüssel abdecken und den Teig 1 Stunde gehen lassen.
2. Den Teig auf einer bemehlten Arbeitsfläche zu einem ungefähr 35 × 40 cm großen Viereck ausrollen. Butter, Zucker, Zimt und Maisstärke mischen. Die Füllung über dem Teig verteilen und mit den Nüssen bestreuen. Von der Längsseite her aufrollen, dann die Rolle in Scheiben schneiden und in passende Formen oder auf ein Blech mit Backpapier legen. Zugedeckt 45 Minuten gehen lassen. Den Backofen früh genug auf 225 °C (Ober-/Unterhitze) vorheizen.
3. Die Schnecken mit verquirltem Ei bestreichen und ungefähr 10 Minuten in der Ofenmitte backen. Direkt nach dem Backen Sirup daraufträufeln und Nüsse darüberstreuen. Auf dem Backblech offen abkühlen lassen.

Apfel-Kürbis-Kuchen mit gemahlenem Brot

Brotmehl macht man am einfachsten, wenn man das Brot zuerst reibt und dann bei Zimmertemperatur trocknen lässt. Danach mahlt man das trockene Brot zu Mehl. Dafür eignen sich alle Brotsorten, und wenn man das Mehl für Desserts verwenden will, kann man süßes Gebäck untermischen. Aber generell sollte man Brotmehl und Gebäckmehl getrennt voneinander aufbewahren. / **PAUL**

8 Stücke

50 g Butter
100 ml Milch (3,5 %) oder Hafermilch
3 Eier
200 g Zucker plus mehr zum Bestreuen
200 g Brotmehl
60 g Weizenmehl
2 TL Backpulver
¼ TL Salz
200 g Kürbis (Butternut oder Spaghettikürbis)
1 Apfel, gern eine säuerliche Sorte
1 TL Kardamom, gemörsert

1. Den Backofen auf 160 °C (Umluft) vorheizen. Eine Springform (ca. 23 cm Durchmesser) einfetten und mit etwas Brot- oder Weizenmehl ausstreuen.
2. Die Butter schmelzen und die Milch dazugeben.
3. Eier und Zucker mit einem Handmixer hell und luftig schlagen. Die Buttermischung unterrühren.
4. Brotmehl, Weizenmehl, Backpulver und Salz mischen. Zur Eiermischung geben und mit einem Teigspatel zu einem glatten Teig verrühren. Den Teig in die Form geben.
5. Den Kürbis schälen und ihn sowie den Apfel in dünne Spalten schneiden. Die Spalten aufrecht in den Teig drücken und mit Zucker und Kardamom bestreuen.
6. 25–30 Minuten überbacken oder bis der Kuchen durchgebacken ist, gern die Stäbchenprobe machen.

Kulfi ganz einfach

Kulfi ist ein indisches Eis mit Kardamom und Pistazie. Super lecker! Hier präsentiere ich eine einfachere Variante mit wenigen Zutaten in meinem eigenen Stil. Rühren Sie die Eiscreme schnell zusammen und dann ab in den Gefrierschrank. / **ZEINA**

8 Portionen

65 g geschälte, ungesalzene Pistazien
500 g Sahne
1 Dose gesüßte Kondensmilch (ca. 400 g)
2 TL Kardamom, gemörsert

1. Die Pistazien grob hacken.
2. Die Sahne fluffig aufschlagen. Die Kondensmilch dazugeben und weiterschlagen, bis die Masse luftig, aber fest ist. Nüsse und Kardamom unterrühren.
3. Das Eis in eine Form geben, mit Frischhaltefolie bedecken und mindestens 4 Stunden im Gefrierschrank lassen.

Rote-Bete-Pizza mit Himbeeren und Ziegenkäsecreme

Ich backe oft Pizza mit Apfel und Fenchel, aber ich finde, dass diese Pizza genauso lecker, aber noch überraschender ist. Wenn Sie eine Eismaschine haben, können Sie aus der Ziegenkäsecreme auch Eis machen. / **PAUL**

4 Portionen

3 frische Rote-Bete-Knollen
1 runder oder rechteckiger Blätterteig
50 g Butter (Zimmertemperatur)
40 g Zucker
2 Zweige frischen Rosmarin, fein gehackt, plus einige Nadeln zum Bestreuen
100 g frische Himbeeren

Creme

1 Becher Haferfrischkäse (Haferaufstrich)
30 g weicher Ziegenkäse
flüssiger Honig

1. Den Backofen mit einem Blech darin auf 215 °C (Umluft) vorheizen.
2. Die Rote-Bete-Knollen schälen und in dünne Scheiben hobeln. Die Scheiben übereinander auf den Teig schichten, aber rundherum 1 cm frei lassen.
3. Butter, Zucker und Rosmarin aufschlagen, bis die Mischung hell und schaumig ist. Auf die Rote-Bete-Scheiben geben und mit einer Palette bzw. einem Bratenwender dünn über die ganze Oberfläche streichen, auch über den leeren Rand.
4. 10–13 Minuten überbacken oder bis der Rand eine hübsche Farbe angenommen hat.
5. Den Haferfrischkäse und den zerbröckelten Ziegenkäse vermischen und leicht mit Honig süßen.
6. Himbeeren und ein paar Rosmarinnadeln auf die Pizza streuen und mit Ziegenfrischkäse servieren.

Burgvogel
SOLINGEN

Veganer Schokofudge

Die perfekte Leckerei, wenn man nur etwas Kleines und Süßes möchte. / **PAUL**

ca. 40 Stück

300 g Hafersahne
240 g Zucker
100 ml Zuckersirup
200 g vegane Schokolade, dunkel oder hell
3½ EL Olivenöl
Meersalz zum Darüberstreuen

1. Sahne, Zucker und Sirup in einem Topf mischen und auf 122 °C aufkochen. Wenn Sie kein Thermometer haben, können Sie eine Karamellprobe machen: Etwas von der Masse in kaltes Wasser tropfen lassen, wenn sie kalt die richtige Konsistenz annimmt, ist sie fertig.
2. Die Schokolade grob hacken und zusammen mit dem Öl unterrühren. Weiterrühren, bis die Schokolade komplett geschmolzen ist.
3. Die Masse in eine Form (20 × 20 cm) gießen und in den Kühlschrank stellen, bis sie fest ist. Dann in Stücke schneiden und mit etwas Salz bestreuen.

Lebensmittel retten

Man plant den Einkauf gut und verarbeitet die Reste – trotzdem passiert es immer wieder mal, dass man mit irgendetwas dasteht, das auf dem letzten Loch pfeift. Ein trauriger Salat oder die Pasta von vorgestern. Überlegen Sie, bevor Sie es wegwerfen – meistens kann man noch etwas daraus machen. Und zwar etwas, das auch noch richtig gut ist.

Äpfel

- Entkernen Sie weiche Äpfel mit einem Entkerner, dann im Ofen backen, bis sie aufplatzen, das dauert ungefähr 30–40 Minuten bei 150 °C. Pürieren Sie sie dann zu einem zusatzfreien und ganz natürlichen Apfelmus.
- Geben Sie die Äpfel mit ein paar Stücken Bio-Zitronenschale in einen Entsafter – und schon haben Sie ein besonderes Apfelmus.
- … und aus den Apfelresten nach dem Entsaften kann man Kekse oder Müsliriegel backen.

Bananen

- Wenn die Banane braun wird, kann man sie in Stücke schneiden und einfrieren. Mixen Sie die gefrorenen Stückchen zu Eis – pur aus Banane. Das wird supercremig!
- In süßen Kuchen spielen Bananen in einer Liga mit Schokolade, aber sie funktionieren auch in herzhaften Gerichten, denen sie eher eine Tiefe verleihen als konkreten Geschmack.
- Bananenpfannkuchen sind einfach Pfannkuchen, in deren Teig pürierte braune Banane gegeben wird.
- Banane in Maispuffern verleihen ihnen Süße und Fülle.

Blattkohl

- Rippen und Strunk von Grünkohl und Schwarzkohl kann man in dünne Streifen schneiden und in einen Salat geben.

Blumenkohl

- → Die Blätter nicht wegwerfen, sondern quer zu den Fasern schneiden und in etwas Butter braten.

Brokkoli

- → Den Brokkolistrunk dünn hobeln und braten. Die Blätter kann man kochen oder kurz blanchieren und dann marinieren.

Brot

- → Wenn Sie ungeschnittenes Brot kaufen, schneiden Sie es in Stücke oder Scheiben und frieren Sie das, was Sie in den nächsten Tagen nicht brauchen, ein und nehmen es dann nach und nach heraus.
- → Trockenes Brot kann man auffrischen, indem man es mit etwas Wasser besprüht und bei 150 °C ungefähr 10 Minuten in den Backofen stellt.
- → Trockenes Brot kann man in dünne Scheiben schneiden, mit einer Knoblauchzehe und ein paar Tropfen Olivenöl bestreichen und dann im Ofen rösten. Oder man würfelt es und brät es zu Croûtons, die man z. B. mit Kräutern oder Zitrone würzen kann.
- → Trockenes Weißbrot kann man auch zu Brösel mahlen und damit die Hälfte der Pinienkerne in einem Pesto ersetzen.
- → Oder Sie machen Ihre eigenen Semmelbrösel. Die halten luftdicht verschlossen ein paar Monate im Gefrierschrank und eignen sich zum Ausstreuen von Backformen oder gemischt mit Zimt und Zucker als Topping eines Apfelkuchens.
- → Trockenes Brot, auch unterschiedliche Sorten zusammen, kann man gemahlen in Brot- oder Pizzateig mischen. Das trockene Brot einfach feucht zu machen und es direkt in einen neuen Teig zu mischen, funktioniert ebenfalls.

Eier

- → Damit Eier länger halten, sollte man sie mit dem spitzen Ende nach unten aufheben. Dadurch landet die Luftblase im Ei ganz oben und verhindert, dass das Eigelb, das mit der Zeit nach oben steigt, Kontakt zur Schale bekommt.
- → Eiweiß übrig? Machen Sie Makronen. Oder schlagen Sie Eischnee, um ihn auf einen Cocktail zu geben. Oder frieren Sie es ein.
- → Eigelb übrig? Machen Sie Mayonnaise. Oder legen Sie es in Salz und Zucker ein, bis es fest ist, das dauert einen Tag. Trocknen Sie

es dann noch einen Tag lang im Ofen oder im Dörrautomat bei 60 °C. Reiben Sie das getrocknete Eigelb über Pasta oder ein Gemüsegericht, ähnlich wie Parmesan. Wenn es viele Eigelbe sind, kann man sie auch einfrieren.

Fenchel

- ➜ Flecken mit einem Kartoffelschäler oder einem Messer ausschneiden, anstatt das gesamt Blatt zu entfernen.
- ➜ Das Kraut ist sehr lecker und genauso zu verwenden wie Dill und auch die Wurzeln haben Geschmack.

Gurke

- ➜ Grob reiben, auspressen und mit Knoblauch, Minze und Joghurt zu einem leckeren Dipp vermischen.
- ➜ Eine Gurke ohne Spannkraft kann man auch sehr gut grillen und warm marinieren.

Joghurt

- ➜ Stellen Sie die Joghurtpackung vor dem Verzehr auf den Kopf, dann müssen Sie die Flüssigkeit, die sich auf der Oberfläche bildet, nicht ausschütten.
- ➜ Spülen Sie den leeren Joghurtbecher vor dem Wegwerfen mit Fruchtsaft aus, dann haben Sie einen indischen Lassi.

Kaffee

- ➜ Kaffee, der auf der Wärmeplatte stehen bleibt, schmeckt schnell schlecht. Gießen Sie ihn in eine Thermoskanne, dann bleibt er länger lecker.
- ➜ Frieren Sie übrig gebliebenen Kaffen in Eiswürfelformen ein und mixen Sie daraus mit Milch einen Frappé. Oder trinken Sie den Kaffee einfach so mit Eiswürfeln.
- ➜ Vanilleeis mit Kaffee ist superlecker. Eine exklusive Variante erhält man, wenn man den Kaffeesatz von frisch gebrühtem Espresso 10 Minuten in einer Sahne-Milch-Mischung ziehen lässt. Dann die Kaffeesahne durch ein Sieb über Eigelb und Zucker in einen Topf gießen. Auf 84 °C erhitzen und in eine Eismaschine geben.
- ➜ Eine Gewürzmischung für Wild kann man selbst machen: aus getrocknetem Kaffeesatz, der mit Rosmarin, Wacholderbeeren, Thymian und Röstzwiebeln gemischt wird.

Kartoffeln

- → Gekeimte Kartoffeln kann man ins Beet setzen (oder in einen Eimer mit Erde). Nach ein paar Monaten kann man ernten.
- → Kaufen Sie Biokartoffeln, sie müssen nicht geschält, nur geschrubbt werden. Aber wenn Sie unbedingt schälen müssen, dann machen Sie aus den Schalen Chips in der Fritteuse oder im Backofen. Oder fermentieren Sie sie!
- → Kalte gekochte Kartoffeln lassen sich gut mit anderem Gemüse zu einem Bauernfrühstück in der Pfanne braten. Und werden ein guter Kartoffelsalat.
- → Aus kalten gekochten Kartoffeln kann man auch eine leckere Tortilla machen. Und aus Ofenkartoffeln eine Frittata.
- → Übrig gebliebenes Kartoffelpüree wird zu Kartoffelplätzchen, wenn man Eier dazugibt. Es lässt sich auch einfrieren.
- → Doch ist die Kartoffel grün - wegwerfen!

Käse

- → Aus harten Käserändern (sofern sie für den Verzehr geeignet sind) und einer aufgekochten Mischung aus Milch und Sahne stellen Sie Ihren eigenen Weichkäse her. Im Mixer pürieren.
- → Käsereste können gerieben eingefroren werden, bis es Zeit für Gratin, Pizza oder überbackene Sandwiches ist. Oder backen Sie Käsestangen oder -kekse passend zur Suppe.

Knoblauch

- → Die Keime am Knoblauch werden einfach abgeschnitten und wie Schnittlauch verwendet.

Knollensellerie

- → Veganer Parmesanersatz gewünscht? Reiben Sie Knollenselleriesschale über die Pasta.
- → Schneiden Sie eine weich gewordene Knollensellerie in Stücke und kochen Sie sie zusammen mit Kartoffeln zu Püree.

Kohlkopf

- → Die Kohlköpfe, die man einkauft, sind oft größer, als man es gebrauchen kann. Wenn man eine Hälfte übrig hat, kann man sie im Ganzen backen, dann in Spalten schneiden und beispielsweise zu Pilzen servieren.

Kohlrabi

- Wenn etwas von dieser fantastischen kleinen Knolle übrig bleibt, geben Sie sie in einen Entsafter für einen erfrischenden Saft. Die Blätter kann man für Tee trocknen oder mit Kräutern und Sonnenblumenkernen zu einem Pesto pürieren.

Kräuter

- Denken Sie daran: Der meiste Geschmack sitzt in den Stielen!
- Chimichurri, Pesto oder Pistou – es gibt viele leckere kalte Saucen, die man aus frischen Kräutern machen kann.
- Kräuter in Töpfen, die schon etwas hängen, schneidet man ab und friert sie ein. Dann kann man sie noch gefroren über ein Erdbeerdessert streuen oder in einen Eintopf, für einen zusätzlichen Kick. Die meisten Kräuter in Töpfen kann man auch auspflanzen und immer wieder ernten.
- Man kann Kräuter auch braten, frittieren, kochen, trocknen und fermentieren.

Kürbis

- Die Kerne kann man mit Salz bei 170 °C im Ofen rösten. Oder sie wie in Japan in Zucker kochen und dann frittieren. Leckere Snacks!

Lauch

- Der meiste Geschmack steckt im grünen Teil, also werfen Sie den bloß nicht weg!
- Heben Sie das Wurzelstück auf und stellen Sie es in ein Glas Wasser, dann wächst der Lauch wieder. Dasselbe gilt für Pak Choi und Frühlingszwiebeln.

Mais

- Wenn keine Maiskörner mehr am Kolben sind, kann man ihn rösten und in die Brühe geben.

Milch

- Milch lässt sich gut einfrieren.
- Mischen Sie alte Milch mit einem Zehntel frischem Joghurt. Nach 2–3 Tagen bei Zimmertemperatur haben Sie hausgemachten Joghurt.
- Mit saurer Milch kann man wunderbar Pfannkuchenteig machen.

Karotten

- Kuchen und Muffins werden mit geriebener Karotte im Teig besonders feucht.
- Wenn man eine ganze Karotte kalt räuchert und dann kocht, bekommt man einen besonderen Hot Dog: Die Karotte ins Brot geben und mit Senf, Ketchup, Röstzwiebeln und Essiggurken belegen.
- Die Blätter püriert man mit Spinat im Mixer zu Pesto.

Pastinaken

- Pastinaken, die weich werden, in Stücke schneiden und mit Kartoffeln zu leckerem Püree verarbeiten.
- Karamellisieren Sie Pastinaken zum Dessert – sie werden wie Fudge.

Paprika

- Das Kerngehäuse kann man rösten und mit Dip als Snack essen.

Pasta

- Die Pasta von gestern wird wieder frisch, wenn man sie in kochendes Wasser gibt und 1 Minute lang sprudelnd kochen lässt.
- Übrig gebliebene gekochte Pasta kann eingefroren werden, bis sie vielleicht als Suppeneinlage ein Comeback feiert.
- Frische Pasta lässt sich gut einfrieren. Geben Sie sie dann direkt aus dem Gefrierschrank ins kochende Wasser.

Radieschen

- Radieschen werden in eiskaltem Wasser wieder knackig.
- Verschrumpelte Radieschen können nach der 1-2-3-Regel (1 Teil Essig, 2 Teile Zucker, 3 Teile Wasser) eingekocht und im Kühlschrank aufbewahrt werden, um sie auf ein Butterbrot zu legen.
- Radieschenblätter sind pfeffrig, wie Rucola.

Reis

- Gekochter Reis muss schnell gekühlt werden und schmeckt am nächsten Tag in Form von Reiskugeln, mit Gemüse angebraten oder als Nachtisch im Pudding.

Rosenkohl

- Rosenkohl, der gelb wird, schmeckt frittiert lecker. Und den Stamm kann man im Ganzen im Ofen backen.

Rote Bete

- Weiche Rote-Bete-Knollen erwachen in einem Brownie- oder Muffinteig wieder zum Leben.
- Oder in einem Dip, wie Zaziki mit Roter Bete statt Gurke.

Sahne

- Sahnereste kann man in Eiswürfelformen einfrieren und dann in den nächsten Eintopf oder die nächste Suppe geben.

Salat

- Stellen Sie den Salat in ein Gefäß mit Wasser, dann treibt er wieder aus.
- Schlapper Salat ist nach 1 Stunde im Eisbad wieder knackig. Oder man kann ihn braten oder im Wok verwenden.
- Die Reste eines grünen Salats mit Vinaigrette lassen sich zusammen mit Nüssen, Parmesan und Kräutern in einem Mixer zu Pesto oder Pistou pürieren.
- Die äußeren Blätter eines Salatkopfs, die man nicht roh essen will, kann man in Streifen schneiden und frittieren oder rösten oder in die Brühe geben.

Schalen

- Kaufen Sie Biogemüse, dann müssen Sie Wurzelgemüse gar nicht mehr schälen, und gerade in der Schale stecken so viele Nähr- und Geschmacksstoffe. Wenn Sie doch schälen möchten, kann man aus den Schalen eine Brühe kochen oder sie für Tee oder ein Pulver trocknen. Den meisten Geschmack bieten Steckrübenschalen.

Spargel

- Außer bei frischem Spargel sind die Enden meist holzig und müssen abgeschnitten werden. Anstatt die Stücke wegzuwerfen, kochen Sie eine Suppe daraus, zusammen mit den Schalen.

Spinat

- Gelblicher Spinat ist genauso lecker wie grüner – kurz angebraten oder frittiert.
- Oder püriert im Waffelteig.
- Oder natürlich in einem Smoothie mit fast egal was. Spinat passt wirklich zu allem!

Staudensellerie

- Die Blätter kann man auch essen.
- Sollten die Stiele schlapp werden, schlägt man sie in Papier ein und stellt sie in kaltes Wasser, gern im Kühlschrank.

Tee

- Das Einfachste, was man aus übrig gebliebenem Tee machen kann, ist Eistee – und mit Zitrone unheimlich lecker! Wenn man ihn zuckert und einfriert, erhält man ein Granité, das man mit den Kräutern, die man zu Hause hat, würzen kann.
- Kombucha! Im Internet findet man Unmengen an Rezepten dafür.

Tomaten

- Tomaten sollten nicht unter 14 °C gelagert werden, weil sie sonst an Geschmack verlieren, also nicht im Kühlschrank. Wenn man sie dann noch mit dem Ast nach unten hinlegt, verhindert man, dass dort Sauerstoff eindringen kann, und die Tomaten halten länger.
- Tomaten, die weich werden, in Stücke schneiden und mit gehackter Zwiebel und Knoblauch in Olivenöl anbraten. Dazu Pasta.

Topinambur

- Verschrumpelter Topinambur wird zu einem super leckeren Püree, ganz allein oder gemischt mit Kartoffeln. Er passt auch in den Kartoffelpufferteig.

Wein

- Weinreste lassen sich in Eiswürfelformen einfrieren, dann kann man sie portionsweise herausnehmen und für Eintöpfe und Saucen verwenden.

Wurzelgemüse

- Müdes Wurzelgemüse in Scheiben schneiden und in eiskaltes Wasser legen. Nach 20 Minuten es ist wieder knackig.
- Den Backofen auf 90 °C Grad vorheizen. Das Wurzelgemüse dünn hobeln, auf ein Blech legen und über ein paar Stunden zu Chips trocknen.

Zitrone

- Wenn Sie nur wenig Zitronensaft brauchen, dann halbieren Sie die Zitrone nicht, sondern bohren Sie mit einer Nadel oben ein kleines Loch hinein und pressen daraus so viel Saft wie nötig. Wenn doch Zitronensaft übrig bleibt, frieren Sie ihn in Eiswürfelformen ein.
- Zitronen- oder Orangenschale in schmalen Streifen sind kandiert eine Süßigkeit.
- Aus schrumpeligen Zitronen kann man eine Creme machen, die sich als Sauce, Dressing oder verdünnt zum Trinken (gesüßt oder ungesüßt) nutzen lässt: Stechen Sie die Zitrone rundherum mit einer Gabel ein, legen Sie sie dann in eine Schüssel mit kaltem Wasser und ein Gewicht darauf, sodass die Zitrone ganz unter Wasser ist. Eine Woche lang im Kühlschrank aufbewahren, das Wasser nach 3–4 Tagen austauschen. Pürieren Sie dann die ganze Zitrone ohne das Wasser.
- Zitronenscheiben kann man bei 60 °C im Ofen trocknen (auf Backpapier), bis sie knusprig sind. Zerkleinern Sie sie dann zu einem Pulver, das Marinaden, Öle, Pudding, Glasuren und Backwerk würzen kann. Dasselbe gilt für Orangen.

Zwiebeln

- Weiche Zwiebeln treiben aus, wenn man sie in etwas Erde gibt. Wie Frühlingszwiebeln benutzen.
- Die Wurzelfäden der Zwiebel werden zu superguten Röstzwiebeln, wenn man sie röstet.

Rezeptregister

P

R

S

T

U

V/W

Z